BESTACTIVITYBOOKS.COM

PREMIERE ÉDITION

Dépôt légal, 2022

Illustration Graphique Extra: www.freepik.com
Merci à Alekksall, Starline, Pch.vector, Rawpixel.com, Vectorpocket, Dgim-studio, Upklyak, Macrovector, Stockgiu, Pikisuperstar & Freepik.com Designers

5 ASTUCES POUR DÉMARRER !

1) COMMENT RÉSOUDRE LES MOTS MÊLÉS

Les puzzles sont dans un format classique :

- Les mots sont cachés sans espaces, tirets, ...
- Orientation : Les mots peuvent être écrits en avant, en arrière, vers le haut, vers le bas ou en diagonale (ils peuvent être inversés).
- Les mots peuvent se chevaucher ou se croiser.

2) UN APPRENTISSAGE ACTIF

Un espace est prévu à côté de chaque mots pour noter la traduction. Pour favoriser un apprentissage actif un **DICTIONNAIRE** à la fin de cette édition vous permettra de vérifier et étendre vos connaissances. Cherchez et notez les traductions, trouvez-les dans le Puzzle et ajoutez-les à votre vocabulaire !

3) MARQUEZ LES MOTS

Vous pouvez inventer votre propre système de marquage. Peut-être en utilisez-vous déjà un ? Sinon, vous pourriez, par exemple, marquer les mots qui ont été difficiles à trouver d'une croix, ceux que vous avez aimés d'une étoile, les mots nouveaux d'un triangle, les mots rares d'un diamant, etc...

4) STRUCTUREZ VOTRE APPRENTISSAGE

Cette édition vous offre un **CARNET DE NOTES** très pratique à la fin du livre. En vacances ou en voyage ou à la maison, vous pouvez facilement organiser vos nouvelles connaissances sans avoir besoin d'un second bloc-notes !

5) VOUS AVEZ FINI TOUTES LES GRILLES ?

Allez à la section bonus **CHALLENGE FINAL** pour trouver un jeu gratuit à la fin de cette édition !

Simple et Rapide ! Découvrez notre collection de livres d'activités pour votre prochain moment de détente et **d'apprentissage**, à juste un clic de distance !

Trouvez votre prochain défi sur :

BestActivityBooks.com/MonProchainLivre

À vos marques, prêts... Partez !

Saviez-vous qu'il existe environ 7 000 langues différentes dans le monde ? Les mots sont précieux.

Nous aimons les langues et avons travaillé dur pour créer les livres de la plus haute qualité pour vous. Nos ingrédients ?

Une sélection des thématiques d'apprentissage adaptée, trois belles parts de divertissement, puis nous ajoutons une cuillère de mots difficiles et une pincée de mots rares. Nous les servons avec soin et un maximum de plaisir pour vous permettre de résoudre les meilleurs jeux de mots mêlés qui soient et d'apprendre en vous amusant !

Votre avis est essentiel. Vous pouvez participer activement au succès de ce livre en nous laissant un commentaire. Nous aimerions vraiment savoir ce que vous avez préféré dans cette édition !

Voici un lien rapide qui vous mènera à la page d'évaluation de vos commandes :

BestBooksActivity.com/Avis50

Merci pour votre aide et amusez-vous bien !

De la part de toute l'équipe

1 - Adjectifs #2

D	R	A	M	A	A	T	T	I	N	E	N	K	S	T	Y
T	Y	D	B	V	J	B	K	S	L	V	R	U	V	Y	Z
N	U	D	B	O	C	C	D	U	U	R	C	I	A	Y	T
E	Z	O	C	U	S	L	P	U	O	E	O	V	I	L	I
N	T	U	T	L	A	M	W	B	N	T	B	A	H	I	Q
I	Z	D	J	T	K	G	P	Z	N	L	Z	M	K	K	K
L	B	T	V	Z	A	C	M	I	O	B	S	M	U	Ä	K
L	W	E	H	U	M	V	H	F	L	M	V	C	U	S	S
U	D	M	I	S	I	B	A	G	L	S	I	K	L	A	J
U	Z	Z	I	A	O	G	K	R	I	Z	L	U	U	I	C
T	I	L	M	K	V	K	Ä	Q	N	P	L	V	I	L	J
S	U	O	L	A	I	N	E	N	E	U	I	A	S	E	T
A	A	V	L	J	Q	P	P	A	N	H	D	U	A	N	U
V	O	R	H	H	U	H	L	H	Z	D	D	S	S	U	Y
A	I	T	O	A	C	N	Y	J	R	A	F	T	V	V	K
S	I	Y	D	L	V	A	H	V	A	S	C	Y	Y	W	L

AITO
KUULUISA
LUOVA
KUVAUS
LAHJAKAS
DRAMAATTINEN
TYYLIKÄS
YLPEÄ
VAHVA
LUONNOLLINEN
UUSI
TUOTTAVA
VOIMAKAS
PUHDAS
VASTUULLINEN
TERVE
SUOLAINEN
VILLI
KUIVA
UNELIAS

2 - Formes

H	K	K	A	Y	E	U	Y	M	P	Y	R	Ä	H	V	P
I	Ä	U	R	U	M	Z	F	V	M	D	C	Q	Y	E	G
M	Y	U	S	Y	L	I	N	T	E	R	I	U	P	L	O
V	R	T	A	N	U	E	R	T	G	N	D	S	E	L	I
T	Ä	I	R	A	A	K	H	H	V	Q	L	N	R	I	A
S	Q	O	I	M	L	U	K	A	R	O	U	S	B	P	N
P	R	I	S	M	A	T	J	E	L	G	N	R	E	S	Q
I	V	T	D	L	O	T	T	K	S	I	D	E	L	I	T
G	F	R	K	I	I	P	U	I	D	H	O	R	I	B	D
Q	E	A	Q	U	M	N	R	O	K	J	W	W	S	D	T
M	I	K	D	R	L	A	J	S	N	J	Z	N	U	T	I
Q	H	G	H	H	O	M	R	A	W	R	S	R	S	E	P
Z	M	K	Y	O	K	M	A	Y	N	L	V	P	T	N	Y
N	E	L	I	Ö	L	M	L	F	P	M	C	M	D	Z	R
M	O	N	I	K	U	L	M	I	O	P	I	Y	N	Q	R
Q	C	R	D	F	J	G	F	M	J	T	R	R	U	H	H

KAARI
REUNAT
NELIÖ
YMPYRÄ
KULMA
KÄYRÄ
KARTIO
SIDE
KUUTIO
SYLINTERI
ELLIPSI
HYPERBELI
LINJA
SOIKEA
MONIKULMIO
PRISMA
PYRAMIDI
SUORAKULMIO
KOLMIO

3 - Force et Gravité

P	G	H	D	D	Z	J	S	V	L	L	B	L	M	U	F
I	A	K	K	I	I	S	Y	F	Ö	H	E	E	V	A	U
B	Q	I	O	V	P	M	Y	N	Y	D	I	U	Y	M	F
I	S	O	N	I	A	P	S	B	T	G	I	I	K	A	G
M	S	Q	I	E	B	E	I	I	Ö	A	S	J	M	G	U
K	U	C	S	K	Z	B	Ä	R	A	K	U	L	E	N	A
R	E	D	K	I	I	N	T	E	I	S	T	Ö	K	E	Y
B	P	S	R	I	M	J	E	P	V	P	U	P	A	T	P
P	O	P	K	L	I	Z	V	K	I	T	K	A	N	I	Y
B	N	J	S	U	U	R	U	U	S	P	I	O	I	S	L
N	W	G	I	J	S	I	F	A	T	U	A	P	I	M	E
E	D	A	J	H	U	T	H	G	K	V	V	Q	K	I	I
Z	M	I	L	W	S	G	A	W	A	S	B	Z	K	Q	S
E	V	K	P	V	A	U	H	T	I	M	E	C	A	F	T
K	Y	A	L	A	A	J	E	N	N	U	S	L	U	O	Ä
D	Y	N	A	A	M	I	N	E	N	T	C	Z	I	Q	Z

AKSELI
KESKUSTA
LÖYTÖ
ETÄISYYS
DYNAAMINEN
LAAJENNUS
VAUHTI
KITKA
VAIKUTUS
MAGNETISMI
SUURUUS
MEKANIIKKA
LIIKE
FYSIIKKA
PAINO
PAINE
KIINTEISTÖ
AIKA
YLEISTÄ
NOPEUS

4 - Adjectifs #1

T	H	V	A	R	O	M	A	A	T	T	I	N	E	N	O
E	W	A	I	A	H	A	N	Q	D	C	E	E	U	A	H
R	C	R	B	E	U	I	R	O	U	N	K	N	P	K	U
V	F	T	D	Y	H	N	D	O	T	Y	S	I	O	T	T
N	T	T	S	O	S	Ä	I	A	M	O	O	L	K	I	B
E	H	D	O	T	O	N	T	W	S	U	T	L	Y	I	Z
N	V	I	A	T	O	N	V	T	A	B	I	E	A	V	A
I	R	A	S	K	A	S	G	D	Ä	P	S	D	P	I	L
T	O	L	D	O	O	C	Q	C	Z	V	K	Y	U	N	A
T	V	N	V	M	Q	N	N	I	G	M	Ä	Ä	A	E	S
N	K	K	J	A	G	J	I	M	C	R	E	T	F	N	I
E	H	Q	B	E	L	R	E	H	E	L	L	I	N	E	N
D	Q	Q	P	R	T	T	A	N	T	E	L	I	A	S	U
I	N	R	E	D	O	M	A	Z	I	M	J	D	I	S	A
D	S	T	L	M	T	U	Z	V	A	N	A	J	Q	W	K
Q	S	F	I	L	V	E	D	Q	A	T	Ä	R	K	E	Ä

EHDOTON
AKTIIVINEN
AROMAATTINEN
VIEHÄTTÄVÄ
KAUNIS
EKSOTISK
VALTAVA
ANTELIAS
REHELLINEN
IDENTTINEN
TÄRKEÄ
VIATON
NUORI
HIDAS
RASKAS
OHUT
MODERNI
TÄYDELLINEN
APUA

5 - Instruments de Musique

T	R	F	Y	H	F	Y	C	B	O	V	W	Y	F	K	D
V	E	I	V	Q	U	P	M	U	R	Q	S	U	U	I	V
Y	I	W	P	G	R	U	H	L	Z	N	W	T	H	T	G
Z	I	U	J	A	R	D	L	R	H	U	I	L	U	A	K
C	F	B	L	W	R	N	N	I	Y	R	F	S	S	R	T
V	A	E	W	U	P	P	R	A	H	M	D	V	E	A	A
E	G	N	O	G	K	B	O	J	N	A	B	I	L	V	M
M	O	N	A	I	P	L	B	D	F	O	R	I	L	N	B
A	T	B	K	T	P	A	S	U	U	N	A	P	O	M	U
R	T	D	O	T	I	J	M	I	R	N	K	J	P	P	R
I	I	T	T	E	N	I	R	A	L	K	V	J	R	U	I
M	K	E	V	P	M	A	N	D	O	L	I	I	N	I	I
B	A	K	B	M	S	A	K	S	O	F	O	N	I	K	N
A	G	F	H	U	U	W	F	V	O	I	K	O	Q	P	I
P	O	R	U	R	C	J	H	L	M	V	V	U	H	M	K
G	G	J	D	T	E	T	F	Z	R	A	N	P	W	I	C

BANJO
FAGOTTI
KLARINETTI
HUILU
GONG
KITARA
HUULIHARPPU
HARPPU
OBOE
MANDOLIINI
MARIMBA
PIANO
SAKSOFONI
RUMPU
TAMBURIINI
PASUUNA
TRUMPETTI
VIULU
SELLO

6 - Échecs

D	I	A	G	O	N	A	A	L	I	N	E	N	V	D	O
D	G	C	J	E	E	Z	E	T	T	O	O	F	C	J	D
U	W	U	E	I	K	L	T	K	T	Y	P	N	I	F	J
L	Y	F	H	R	L	S	F	B	J	P	U	P	D	N	G
K	U	N	I	N	G	A	T	A	R	A	H	H	I	M	F
P	Z	L	V	J	H	Z	I	J	U	I	R	P	N	A	Y
A	N	G	I	J	J	Y	A	A	F	K	A	S	E	U	N
S	E	G	Q	A	L	K	N	A	O	A	T	Ä	N	L	M
S	F	S	B	I	P	H	E	L	H	Y	A	Ä	I	Z	I
I	Z	P	L	G	W	L	N	E	H	U	A	N	O	Q	R
I	P	C	H	E	Q	A	I	P	I	U	R	N	K	I	A
V	Q	Z	G	T	N	T	A	K	V	G	F	Ö	L	S	T
I	O	A	J	A	T	S	U	T	S	A	V	T	A	S	S
N	F	T	B	R	K	U	N	I	N	G	A	S	V	H	E
E	M	W	F	T	W	M	T	U	R	N	A	U	S	C	M
N	H	Q	B	S	H	A	A	S	T	E	E	T	Y	B	U

VASTUSTAJA
OPPIA
VALKOINEN
MESTARI
KILPAILU
HAASTEET
DIAGONAALINEN
PELI
PELAAJA
MUSTA
PASSIIVINEN
KUNINGATAR
SÄÄNNÖT
KUNINGAS
UHRATA
STRATEGIA
AIKA
TURNAUS

7 - Herboristerie

P	T	P	C	K	Y	I	L	A	V	E	N	T	E	L	I
E	I	Q	L	U	V	M	A	I	N	E	S	O	S	A	V
R	M	N	B	L	K	A	N	J	U	S	V	K	M	V	G
S	J	I	N	I	I	R	A	M	S	O	R	U	O	F	L
I	A	L	M	N	I	I	J	D	H	Y	R	K	U	P	A
L	M	O	Z	A	N	E	E	A	A	T	V	K	Y	L	A
J	I	K	G	A	R	M	Q	D	Q	Q	F	A	L	G	T
A	D	N	E	R	V	H	P	U	U	T	A	R	H	A	U
B	N	E	N	I	T	T	A	A	M	O	R	A	E	K	U
M	A	F	B	N	E	F	Q	S	E	S	T	P	M	J	N
P	A	S	U	E	Q	Q	H	U	E	M	I	N	T	T	U
O	B	K	I	N	S	M	K	P	J	T	M	T	M	P	W
O	I	J	U	L	V	I	H	R	E	Ä	S	V	S	U	B
K	I	L	U	P	I	S	O	K	L	A	V	U	T	O	N
S	O	F	Z	B	Y	K	A	U	K	I	F	R	A	U	J
R	A	K	U	U	N	A	A	V	E	M	Q	J	K	M	K

VALKOSIPULI
AROMAATTINEN
BASILIKA
KULINAARINEN
RAKUUNA
FENKOLI
KUKKA
AINESOSA
PUUTARHA
LAVENTELI
MEIRAMI
MINTTU
PERSILJA
LAATU
ROSMARIINI
MAUSTESAHRAMI
MAKU
TIMJAMI
VIHREÄ

8 - Photographie

A	L	J	J	L	K	A	M	E	R	A	K	T	M	U	N
I	R	Ä	V	I	G	B	C	G	N	P	I	E	Y	V	J
H	F	L	V	M	M	T	S	G	M	I	T	S	H	L	C
E	H	K	F	W	E	H	B	M	U	W	S	N	P	Y	A
L	B	W	G	M	I	F	B	P	O	K	A	E	I	L	S
P	E	H	M	E	N	T	Ä	Ä	T	R	R	N	M	M	P
V	A	L	A	I	S	T	U	S	O	A	T	I	E	Ä	W
Q	I	L	Z	R	S	J	G	C	K	K	N	L	Y	Ä	V
L	G	S	Y	V	F	U	J	Y	U	E	O	A	S	R	N
N	Ä	K	Ö	K	U	L	M	A	V	N	K	A	S	I	Ä
S	S	H	A	B	L	F	Q	U	A	N	Z	U	D	T	Y
S	C	A	V	H	G	E	J	J	T	E	O	S	F	E	T
B	P	P	A	U	W	I	A	L	S	S	T	I	F	L	T
E	U	Q	R	Z	U	J	T	D	U	P	O	V	D	M	E
P	T	O	J	R	W	L	Y	C	M	K	U	O	Y	Ä	L
N	C	H	O	Q	O	Z	A	C	W	D	M	I	K	S	Y

PEHMENTÄÄ
KEHYS
KAMERA
KOOSTUMUS
KONTRASTI
VÄRI
MÄÄRITELMÄ
NÄYTTELY
VALAISTUS
MUOTO
MUSTA
ESINE
PIMEYS
VARJO
NÄKÖKULMA
MUOTOKUVA
AIHE
RAKENNE
VISUAALINEN

9 - Véhicules

A	H	Z	L	M	P	R	Q	W	J	Z	E	N	E	V	M
D	Z	E	I	G	E	L	A	S	G	G	N	Q	G	S	O
V	W	N	S	H	M	T	M	K	C	I	O	M	K	A	O
R	E	N	K	A	A	T	R	J	E	O	K	D	Q	U	T
P	N	L	A	U	T	T	A	O	J	T	O	O	I	T	T
O	E	G	T	C	E	T	H	S	H	B	T	T	H	O	O
L	V	T	R	A	K	T	O	R	I	S	N	I	E	O	R
K	S	V	A	R	E	B	I	L	S	G	E	C	S	R	I
U	U	S	L	Y	R	Z	G	H	S	A	L	T	Q	D	E
P	L	N	U	F	S	Q	M	B	U	O	K	C	A	I	Z
Y	L	W	K	Y	T	F	M	S	B	I	I	F	J	U	J
Ö	E	N	K	H	E	L	I	K	O	P	T	E	R	I	C
R	K	O	U	K	O	U	L	U	T	T	A	A	V	K	Z
Ä	U	G	S	C	Y	L	R	Y	M	B	K	V	B	Q	Q
I	S	S	N	A	L	U	B	M	A	T	U	G	E	B	S
A	G	F	O	R	J	H	L	G	A	H	K	F	Z	Y	L

AMBULANSSI
LENTOKONE
VENE
BUSSI
KUKA
RAKETTI
HELIKOPTERI
METRO
MOOTTORI
SUKKULA
RENKAAT
LAUTTA
SCOOTER
SUKELLUSVENE
TAKSI
TRAKTORI
KOULUTTAA
VAREBIL
POLKUPYÖRÄ
AUTO

10 - Camping

F	S	A	Y	T	E	M	I	Ä	L	E	A	J	O	A	C
K	Ö	Y	S	I	P	N	E	N	I	E	T	N	Ö	Y	H
G	E	T	M	U	Q	L	I	T	T	O	O	N	A	K	A
K	O	M	P	A	S	S	I	P	S	J	U	H	B	N	P
H	S	E	I	K	K	A	I	L	U	Ä	Ä	S	N	H	P
R	I	I	P	P	U	M	A	T	T	O	S	R	P	R	L
K	U	U	B	V	P	Y	H	U	C	O	L	T	V	F	U
G	T	F	D	N	S	G	A	T	T	R	A	K	Y	I	O
A	G	G	K	D	V	Y	T	H	Y	L	I	F	Z	S	N
M	T	A	K	W	T	I	T	Y	Y	E	T	K	Z	Q	T
M	E	T	S	Ä	J	R	U	L	W	D	T	E	K	T	O
A	N	T	A	A	P	O	T	K	U	T	E	Y	S	Ö	E
W	U	L	J	T	Q	U	D	G	G	F	E	G	W	S	M
W	W	E	L	N	H	V	C	G	T	M	T	H	U	W	D
G	Q	T	K	V	W	G	H	A	I	Z	P	C	T	K	N
Y	K	J	O	W	E	Z	H	G	S	D	D	K	V	P	P

ELÄIMET
SEIKKAILU
KOMPASSI
MÖKKI
KANOOTTI
KARTTA
HATTU
METSÄSTYS
KÖYSI
LAITTEET
ANTAA POTKUT
METSÄ
RIIPPUMATTO
HYÖNTEINEN
JÄRVI
LYHTY
KUU
VUORI
LUONTO
TELTTA

11 - Géométrie

R	W	J	M	G	J	Y	C	Y	A	M	L	U	K	I	L
R	G	J	A	K	K	I	I	G	O	L	A	L	V	Y	O
U	A	H	S	U	E	K	R	O	K	V	S	O	R	L	D
V	V	L	S	N	W	S	Q	M	C	M	K	T	I	S	D
H	K	I	A	R	J	Q	Z	W	A	R	E	T	N	K	R
N	A	O	T	E	O	R	I	A	Q	W	M	U	N	A	E
U	F	L	L	P	I	N	T	A	S	O	I	V	A	M	T
M	T	D	K	M	A	U	O	S	Y	A	N	U	K	E	T
E	G	V	O	A	I	V	E	J	H	B	E	U	K	D	W
R	F	J	L	T	I	O	L	L	T	K	N	S	A	I	Z
O	T	S	B	Y	Q	S	A	M	Ä	U	S	C	I	A	D
M	Ä	R	Y	P	M	Y	I	A	L	P	K	O	N	A	Y
Z	R	A	L	E	K	S	T	J	Ö	M	P	H	E	N	V
S	Y	M	M	E	T	R	I	A	A	K	W	U	N	I	A
H	Ä	S	E	G	M	E	N	T	T	I	F	A	O	C	J
C	K	M	K	E	W	M	M	U	Y	S	V	S	P	Y	K

KULMA
LASKEMINEN
YMPYRÄ
KÄYRÄ
HALKAISIJA
ULOTTUVUUS
YHTÄLÖ
KORKEUS
LOGIIKKA
MASSA
MEDIAANI
NUMERO
RINNAKKAINEN
OSA
SEGMENTTI
PINTA
SYMMETRIA
TEORIA
KOLMIO
LODDRETT

12 - Les Médias

P	Z	J	N	B	T	R	C	R	P	F	D	P	A	Ä	T
K	A	S	U	T	I	O	H	A	R	T	I	A	A	L	Z
A	S	I	W	L	S	R	B	S	J	K	G	I	T	Y	P
U	S	J	N	G	K	K	A	Y	W	Z	I	K	S	L	C
P	O	F	M	O	U	I	I	D	I	Z	T	A	K	L	L
A	K	L	R	Z	S	S	N	T	I	T	A	L	O	I	V
L	R	F	K	O	O	A	D	E	G	O	A	L	U	N	I
L	E	F	W	I	J	N	S	E	N	S	L	I	L	E	E
I	V	V	O	S	I	O	C	T	L	G	I	N	U	N	S
N	R	U	B	I	G	M	S	N	B	S	N	E	T	E	T
E	A	Z	E	V	M	A	B	E	O	Q	E	N	U	N	I
N	T	I	W	E	G	L	N	S	W	B	N	U	S	O	N
Y	K	S	I	L	Ö	E	L	A	U	S	U	N	T	O	T
J	A	T	T	E	Q	H	D	P	O	S	F	V	L	M	Ä
W	F	H	L	T	V	T	A	V	U	K	T	F	U	F	W
V	E	R	K	K	O	I	R	T	S	U	D	N	I	H	M

ASENTEET
KAUPALLINEN
VIESTINTÄ
VERKOSSA
PAINOS
KOULUTUS
FAKTA
RAHOITUS
YKSILÖ
INDUSTRI
ÄLYLLINEN
SANOMALEHTI
PAIKALLINEN
DIGITAALINEN
LAUSUNTO
KUVAT
JULKINEN
RADIO
VERKKO
TELEVISIO

13 - Diplomatie

T	P	Z	U	L	I	I	T	T	O	L	A	I	N	E	N
K	U	O	B	L	K	A	M	P	A	N	J	A	T	O	Y
E	T	R	L	G	K	B	O	R	G	E	R	E	B	I	S
S	K	L	V	I	D	O	I	J	B	O	U	A	W	K	H
K	E	N	K	A	T	N	M	C	W	Z	T	J	Q	E	A
U	N	H	W	I	L	I	C	A	T	U	L	A	C	U	L
S	Ö	T	Ä	Ä	P	L	I	D	I	R	I	T	Y	S	L
T	J	A	Ö	J	D	A	I	K	Q	N	I	N	H	E	I
E	F	K	T	V	E	U	S	S	K	R	E	A	T	J	T
L	L	K	S	Y	E	H	E	R	U	A	W	N	E	K	U
U	W	I	Y	Q	Z	H	O	N	M	U	L	O	I	I	S
C	P	I	T	K	I	L	F	N	O	K	S	V	S	E	D
Y	H	T	E	I	S	T	Y	Ö	R	P	V	U	Ö	L	P
M	J	E	H	S	O	P	I	M	U	S	L	E	G	I	U
Q	P	F	Ä	R	A	R	B	T	E	H	E	N	E	N	U
G	B	L	L	E	F	Y	U	R	A	T	K	A	I	S	U

LIITTOLAINEN
LÄHETYSTÖ
KAMPANJAT
BORGERE
YHTEISÖ
KONFLIKTI
NEUVONANTAJA
YHTEISTYÖ
KESKUSTELU
ETIIKKA
ULKOMAINEN
HALLITUS
EHEYS
OIKEUS
KIELI
POLITIIKKA
PÄÄTÖS
TURVALLISUUS
RATKAISU
SOPIMUS

14 - Électricité

A	S	K	C	Q	W	E	Y	K	C	L	L	L	P	H	M
K	Q	Q	J	O	H	D	O	T	B	W	S	A	U	E	A
K	M	G	G	A	K	T	I	I	L	N	N	I	H	F	G
U	M	L	F	J	T	G	S	T	M	F	F	T	E	E	N
I	L	E	P	A	A	K	I	N	O	I	A	T	L	L	E
P	O	S	I	T	I	I	V	I	N	E	N	E	I	A	E
G	Z	M	T	N	S	U	E	O	E	L	U	E	N	S	T
N	G	B	K	E	A	B	L	T	N	M	A	T	G	E	T
R	F	N	E	S	R	U	E	S	I	V	E	M	M	R	I
G	H	B	J	A	O	B	T	A	Ö	U	E	S	P	F	R
S	C	S	B	Ö	T	N	N	R	K	K	J	R	R	P	N
F	M	R	O	K	S	N	D	A	H	E	K	J	K	E	U
T	Ä	Q	A	H	I	G	N	V	Ä	N	V	K	H	K	O
E	Ä	G	R	Ä	P	Y	G	G	S	N	O	W	F	L	O
U	R	B	V	S	T	U	G	N	A	E	Z	P	W	K	U
L	Ä	N	E	G	A	T	I	I	V	I	N	E	N	L	I

MAGNEETTI
AKKU
KAAPELI
SÄHKÖASENTAJA
SÄHKÖINEN
LAITTEET
JOHDOT
LAMPPU
LASER
NEGATIIVINEN
OBJEKTI
POSITIIVINEN
PISTORASIA
MÄÄRÄ
VERKKO
VARASTOINTI
PUHELIN
TELEVISIO

15 - Astronomie

S	A	S	T	E	R	O	I	D	I	J	Z	E	F	T	O
Y	A	K	A	U	K	O	P	U	T	K	I	O	O	Ä	B
N	T	T	J	D	H	M	G	R	G	C	M	G	K	H	S
N	T	Z	E	Y	T	K	U	U	O	D	U	D	N	D	E
E	E	W	J	L	D	A	W	G	T	S	W	Z	I	I	R
M	E	B	J	I	L	O	I	T	T	E	K	A	R	S	V
I	N	R	G	E	E	I	D	V	U	R	B	U	U	T	A
P	A	C	S	T	V	K	I	N	A	H	K	F	A	Ö	T
V	L	E	K	Ä	V	N	E	T	G	S	O	U	J	T	O
O	P	Q	M	S	V	V	D	O	T	G	S	B	B	G	R
P	T	Q	J	E	D	R	M	Ø	P	I	M	I	G	A	I
S	Y	I	I	F	U	N	A	R	G	R	O	R	R	L	O
S	U	M	U	P	K	D	A	R	W	N	S	P	L	W	D
S	U	P	E	R	N	O	V	A	U	F	K	F	V	S	W
A	S	T	R	O	N	A	U	T	T	I	B	Q	T	V	V
M	E	T	E	O	R	I	S	K	A	L	A	G	F	V	C

ASTEROIDI
ASTRONAUTTI
TAIVAS
TÄHDISTÖ
KOSMOS
PIMENNYS
JEVNDØGN
RAKETTI
GALAKSI
KUU
METEORI
SUMU
OBSERVATORIO
PLANEETTA
SÄTEILY
SATELLIITTI
AURINKO
SUPERNOVA
MAA
KAUKOPUTKI

16 - Physique

K	K	E	Z	E	J	L	T	W	S	M	B	W	L	M	H
S	I	A	N	Q	D	V	P	A	G	O	Z	Z	A	O	I
U	M	I	A	D	N	D	T	Y	A	P	K	H	W	O	U
H	O	M	H	S	V	S	T	J	R	J	W	U	N	T	K
T	T	E	F	D	U	U	T	L	H	Q	U	I	J	T	K
E	A	K	H	L	Y	W	Z	O	W	C	Y	U	Z	O	A
E	P	A	H	Y	H	T	F	J	U	N	R	F	S	R	N
L	A	N	E	T	M	I	Y	A	Y	D	I	N	P	I	E
L	I	I	S	Y	N	C	C	S	O	A	A	K	Z	H	N
I	N	I	K	A	A	V	A	S	T	I	H	E	Y	S	N
S	O	K	I	A	U	N	O	A	Y	E	B	Z	L	P	O
U	V	K	G	Q	B	C	W	M	G	W	T	F	I	F	P
U	O	A	M	O	L	E	K	Y	Y	L	I	S	I	Y	E
S	I	E	L	E	K	T	R	O	N	I	S	P	E	A	U
I	M	S	I	T	E	N	G	A	M	Z	Y	T	F	C	S
L	A	V	T	Y	L	E	I	S	T	Ä	H	F	Z	D	Y

KIIHDYTYS
ATOMI
KAAOS
TIHEYS
ELEKTRONI
KAAVA
TAAJUUS
KAASU
PAINOVOIMA
MAGNETISMI
MASSA
MEKANIIKKA
MOLEKYYLI
MOOTTORI
YDIN
HIUKKANEN
SUHTEELLISUUS
YLEISTÄ
NOPEUS

17 - Types de Cheveux

G	B	C	O	V	V	T	K	U	I	V	A	J	I	M	H
S	K	U	V	L	Ä	A	R	A	H	I	K	W	A	U	A
J	O	V	Q	Y	K	R	A	T	L	I	U	U	G	S	R
A	M	K	L	U	T	A	I	L	K	Z	U	W	L	T	M
U	C	A	O	C	I	H	N	L	E	I	P	Y	Y	A	A
S	O	L	P	W	P	I	B	P	L	A	O	F	H	E	A
K	T	J	G	Z	Q	K	K	E	M	I	B	E	Y	K	J
A	I	U	B	Y	M	W	J	H	D	S	N	Z	T	S	T
P	D	I	Z	H	Y	N	U	M	J	E	H	E	Q	U	Q
P	N	J	L	L	V	A	B	E	V	R	E	T	N	R	H
U	Q	D	F	T	S	K	C	Ä	S	O	M	R	W	V	K
W	T	N	N	U	Ä	V	A	L	K	O	I	N	E	N	H
G	M	P	M	H	Q	V	V	B	R	L	U	J	L	R	O
U	W	J	P	O	T	Q	Ä	I	U	T	T	O	N	U	P
A	A	L	T	O	I	L	E	V	A	I	P	Z	O	F	E
C	N	O	R	W	A	F	K	P	J	H	K	R	T	C	A

HOPEA
VALKOINEN
VAALEA
KIHARAT
KIILTÄVÄ
KALJU
VÄRILLINEN
LYHYT
PEHMEÄ
PAKSU
KIHARA
HARMAA
PITKÄ
RUSKEA
OHUT
MUSTA
AALTOILEVA
TERVE
KUIVA
PUNOTTU

18 - Archéologie

J	P	A	P	T	K	F	O	O	B	J	E	K	T	I	A
Ä	R	F	N	M	T	U	N	T	E	M	A	T	O	N	I
L	O	O	E	T	Y	T	P	J	U	B	I	H	R	N	K
K	F	S	N	T	I	S	Y	Y	L	A	N	A	D	B	A
E	E	S	I	I	H	I	T	N	I	O	I	V	R	A	K
L	S	I	A	I	A	O	K	E	N	N	Ä	Ä	J	H	A
Ä	S	I	N	M	U	F	P	I	E	N	G	E	P	E	U
I	O	L	I	I	T	M	T	H	N	R	W	B	N	K	S
N	R	I	U	L	A	T	N	C	Q	V	I	K	B	E	I
E	I	T	M	S	I	V	I	L	I	S	A	A	T	I	O
N	R	W	U	B	L	E	E	K	S	F	C	Z	M	L	I
Q	A	J	I	T	N	U	T	N	A	I	S	A	U	O	K
Z	Q	U	W	U	K	U	N	O	H	D	E	T	T	U	J
U	Y	O	E	U	T	I	L	E	P	P	M	E	T	R	B
L	C	O	Z	L	Y	K	J	H	D	Q	D	U	M	I	V
C	C	T	Z	N	U	Z	I	A	V	B	B	S	I	M	J

ANALYYSI
MUINAINEN
ANTIIKIN
TUTKIJA
SIVILISAATIO
JÄLKELÄINEN
ASIANTUNTIJA
AIKAKAUSI
TIIMI
ARVIOINTI
FOSSIILI
TUNTEMATON
MYSTEERI
OBJEKTI
LUUT
UNOHDETTU
PROFESSORI
JÄÄNNE
TEMPPELI
HAUTA

19 - Mammifères

V	K	C	Z	D	C	A	C	Q	K	S	H	V	M	Y	N
Z	P	U	T	T	E	K	J	O	I	E	E	J	E	N	L
I	I	Y	H	I	F	L	Z	C	S	E	V	S	P	P	E
N	O	R	S	U	L	B	F	E	S	P	O	P	S	E	E
A	I	I	R	R	D	A	H	I	A	R	N	K	Z	A	K
K	R	V	R	U	K	L	M	K	I	A	E	A	R	S	U
U	E	A	K	G	W	L	B	M	O	N	N	R	Y	N	I
G	W	L	D	N	Y	I	A	D	A	I	I	H	Z	D	L
B	R	A	U	E	D	R	P	Y	N	S	R	U	F	R	B
E	D	S	K	K	R	O	J	I	O	D	H	A	F	K	T
S	U	S	I	K	D	G	Y	C	J	T	D	N	V	T	W
K	I	R	A	H	V	I	Y	V	I	V	Y	I	J	U	Q
W	J	P	Y	S	R	Q	C	E	E	Y	Z	P	O	U	W
T	I	I	K	E	R	I	S	Z	L	V	Y	A	A	T	B
K	D	L	N	F	V	I	W	A	H	L	H	Ä	R	K	Ä
K	O	J	O	O	T	T	I	C	M	F	F	V	Y	R	Z

VALAS
KISSA
HEVONEN
KOIRA
KOJOOTTI
DELFIINI
NORSU
KIRAHVI
GORILLA
KENGURU
KANI
LEIJONA
SUSI
LAMMAS
KARHU
KETTU
APINA
HÄRKÄ
TIIKERI
SEEPRA

20 - Chocolat

R	S	T	Ä	N	I	K	H	Ä	P	A	A	M	N	L	Q
E	U	M	I	I	N	E	N	I	L	L	U	K	R	E	H
S	O	A	G	A	M	T	I	M	M	N	G	E	Q	H	P
E	S	K	F	M	T	V	Y	O	G	O	D	K	E	A	H
P	I	E	A	D	U	D	U	R	G	J	G	S	I	H	C
T	K	A	E	Y	A	P	T	A	V	M	K	O	Q	L	K
I	K	H	T	Z	Y	M	A	K	U	B	O	T	S	E	A
A	I	L	I	R	R	N	D	E	K	J	K	I	L	L	R
K	R	K	K	A	L	O	R	I	A	B	O	S	G	T	A
J	E	T	Q	S	O	E	J	E	A	B	S	K	A	Y	M
L	K	J	I	O	U	E	A	H	K	T	N	A	J	Z	E
A	O	Q	O	S	W	C	U	A	A	H	Ø	A	I	H	L
A	S	P	G	E	A	Y	H	E	O	I	T	D	A	A	L
T	H	M	Z	N	H	N	E	K	M	U	T	K	E	U	I
U	J	D	I	I	E	H	A	K	A	T	K	E	R	A	Y
Y	E	P	F	A	I	B	A	L	B	Q	D	I	R	V	C

KATKERA
AROMI
ARTISANAL
MAAPÄHKINÄT
KAAKAO
KALORI
KARAMELLI
HERKULLINEN
MAKEA
HIMO
EKSOTISK
SUOSIKKI
MAKU
AINESOSA
KOKOSNØTT
JAUHE
LAATU
RESEPTI
SOKERI

21 - Mathématiques

W	B	W	C	C	F	G	G	W	C	F	O	Y	V	K	D
K	Q	Z	L	A	I	R	T	E	M	M	Y	S	Z	L	P
L	C	F	U	K	M	M	E	Z	O	I	M	L	O	K	F
J	S	A	K	I	N	N	U	U	S	M	A	E	P	S	V
A	Ä	Z	P	I	K	S	Y	Z	U	C	E	M	M	M	Q
E	D	I	L	A	A	M	I	S	E	D	Z	T	P	A	F
C	E	T	A	M	L	U	K	S	H	A	Y	E	R	J	U
E	A	T	B	N	E	N	I	A	K	K	A	N	N	I	R
M	O	N	I	K	U	L	M	I	O	J	Z	A	V	S	A
I	I	E	Y	N	Z	I	L	R	V	K	E	H	Ä	I	M
O	L	N	H	H	T	I	L	A	V	U	U	S	U	A	M
S	V	O	C	Q	T	M	S	L	Q	Q	Z	H	G	K	U
F	V	P	H	H	N	Ä	D	J	T	K	B	O	T	L	S
W	I	S	F	D	K	D	L	R	O	S	O	J	M	A	N
A	U	K	G	P	C	S	A	Ö	I	L	E	N	R	H	J
I	U	E	S	U	O	R	A	K	U	L	M	I	O	W	F

KULMAT
NELIÖ
DESIMAALI
HALKAISIJA
EKSPONENTTI
YHTÄLÖ
JAE
GEOMETRIA
RINNAKKAINEN
SUUNNIKAS
KEHÄ
MONIKULMIO
SÄDE
SUORAKULMIO
SUMMA
SYMMETRIA
KOLMIO
TILAVUUS

22 - Sport

J	S	P	K	T	Q	P	U	E	T	I	O	V	A	T	U
O	S	A	A	K	R	T	Y	C	W	P	O	A	C	H	R
I	Y	L	I	Ä	R	Ö	Y	P	I	C	U	H	L	F	H
L	Y	N	B	Ä	D	P	D	L	Q	D	V	V	G	H	E
A	V	M	A	K	S	I	M	O	I	D	A	U	J	M	I
V	Ä	H	Y	K	V	K	B	C	C	F	A	U	K	O	L
A	T	U	U	L	T	A	D	V	G	G	F	S	J	I	U
K	S	U	Z	Ö	Y	E	L	L	I	H	A	K	S	E	T
O	E	S	F	H	A	S	R	M	T	A	N	S	S	I	T
U	K	H	P	V	H	K	D	V	E	V	G	L	O	N	K
R	K	S	O	C	P	Q	K	B	E	N	Ä	D	Y	S	Y
O	H	J	E	L	M	O	I	D	A	Y	T	U	F	D	K
T	U	R	H	E	I	L	I	J	A	F	S	A	K	A	Y
V	E	N	Y	T	T	E	L	Y	M	J	E	D	J	B	N
R	A	V	I	T	S	E	M	U	S	L	F	V	F	A	V
B	U	E	V	J	Y	N	E	N	W	C	U	F	U	S	Z

URHEILIJA
KYKY
SYDÄN
KEHO
PYÖRÄILY
TANSSIT
RUOKAVALIO
KESTÄVYYS
VALMENTAJA
VENYTTELY
VAHVUUS
HÖLKKÄ
MAKSIMOIDA
LIHAKSET
RAVITSEMUS
TAVOITE
LUUT
OHJELMOIDA
TERVEYS
URHEILU

23 - Mythologie

K	K	J	I	N	K	O	Z	G	C	T	K	U	P	K	U
A	U	S	U	D	R	A	T	I	R	A	K	N	A	S	K
T	L	A	G	M	B	O	T	N	E	L	O	Y	M	A	K
A	T	N	M	U	A	W	I	E	K	S	T	J	A	L	O
S	T	K	A	F	T	L	E	R	U	Q	S	S	L	U	N
T	U	A	A	V	O	C	A	U	L	S	O	Q	A	O	E
R	U	R	G	L	P	I	J	T	R	S	K	W	S	M	N
O	R	I	I	L	E	G	E	N	D	A	V	L	R	I	S
F	I	U	N	E	N	I	A	V	E	L	O	U	K	N	V
I	K	T	E	S	K	U	M	O	K	S	U	T	S	E	S
E	P	I	N	I	U	E	C	K	O	V	Z	C	V	N	O
Z	S	O	B	M	G	U	A	R	K	E	T	Y	P	E	T
A	E	M	D	V	Ö	I	V	R	I	H	S	E	T	P	U
K	R	F	Q	U	V	W	H	H	W	V	V	S	G	Z	R
O	K	L	C	R	U	T	K	B	A	R	M	N	L	E	I
L	A	B	Y	R	I	N	T	T	I	V	Y	F	L	H	E

ARKETYPE
KATASTROFI
LUOMINEN
OLENTO
USKOMUKSET
KULTTUURI
JUMALAT
SALAMA
VAHVUUS
SOTURI
SANKARITAR
SANKARI
KATEUS
LABYRINTTI
LEGENDA
MAAGINEN
HIRVIÖ
KUOLEVAINEN
UKKONEN
KOSTO

24 - Restaurant #2

L	H	O	O	Q	N	O	T	I	L	E	D	U	U	N	W
H	A	A	R	U	K	K	A	K	K	I	S	U	L	Q	C
I	L	L	A	L	L	I	N	E	N	M	Q	D	V	Z	N
B	S	F	O	Z	M	S	U	K	K	A	K	B	I	N	I
E	V	A	V	J	K	B	M	L	A	L	O	U	N	A	S
J	K	T	L	K	N	E	N	I	L	L	U	K	R	E	H
Q	E	U	L	A	F	O	F	D	A	O	P	L	T	A	S
L	I	O	N	H	A	J	U	O	M	A	Z	T	A	W	P
O	J	L	Q	Z	E	T	Z	B	S	S	E	M	R	J	K
J	E	I	S	E	V	D	T	J	I	U	V	A	J	G	A
C	Ä	F	G	B	Y	B	E	I	L	O	J	J	O	Z	K
H	R	Ä	B	U	S	G	S	L	T	L	S	Y	I	O	V
K	L	N	N	W	N	K	R	I	M	A	Z	J	L	H	D
V	I	H	A	N	N	E	S	M	Q	Ä	P	M	I	N	P
T	S	U	P	P	E	Z	U	O	V	E	U	B	J	P	B
M	A	U	S	T	E	E	T	Q	A	B	S	A	A	P	Q

JUOMA
TUOLI
LUSIKKA
LOUNAS
HERKULLINEN
ILLALLINEN
VESI
MAUSTEET
HAARUKKA
HEDELMÄ
KAKKU
JÄÄN
VIHANNES
NUUDELIT
MUNAT
KALA
SALAATTI
SUOLA
TARJOILIJA
SUPPE

25 - Beauté

T	Y	N	G	K	S	C	L	V	T	T	N	F	S	I	D
S	O	U	L	O	B	A	A	K	E	A	O	O	T	C	E
Ä	R	I	R	Ä	V	I	S	P	I	R	O	T	Y	G	J
K	O	S	M	E	T	I	I	K	K	A	M	O	L	S	Q
I	O	S	O	E	Q	U	S	D	O	H	E	G	I	A	L
L	P	N	I	H	O	V	L	R	E	I	I	E	S	M	B
Y	M	A	Y	S	E	A	I	E	T	K	K	N	T	S	F
Y	A	G	M	J	G	F	S	E	V	U	K	U	I	Ö	Z
T	H	E	Z	Z	R	Z	Y	Q	H	L	I	T	I	L	Y
D	S	L	S	Z	S	J	N	D	B	Ä	A	C	H	J	G
D	Q	E	A	O	F	O	E	V	M	E	T	P	Y	Y	U
R	W	M	M	P	H	T	V	Ä	R	L	B	Y	Y	T	E
D	A	R	M	O	V	V	U	R	C	I	P	H	S	U	T
P	Q	C	N	W	Y	E	I	I	U	S	K	O	U	T	U
L	E	P	P	E	S	T	I	F	T	E	S	K	A	S	L
J	E	O	P	L	B	E	P	E	I	L	I	S	V	D	P

KIHARAT
VIEHÄTYS
SAKSET
KOSMETIIKKA
VÄRI
ELEGANSSI
TYYLIKÄS
ARMO
ÖLJYT
SILEÄ
MEIKKI
RIPSIVÄRI
PEILI
TUOKSU
IHO
FOTOGEN
LEPPESTIFT
PALVELUT
SHAMPOO
STYLISTI

26 - Avions

G	S	U	L	M	I	E	H	I	S	T	Ö	P	V	M	I
K	A	T	D	A	I	R	O	T	S	I	H	I	E	A	L
H	M	T	H	M	S	W	U	O	Z	B	K	L	T	T	M
R	S	S	L	L	A	K	M	O	J	M	M	O	Y	K	A
Z	E	V	P	I	H	S	E	O	Q	W	P	T	W	U	I
C	N	E	T	K	D	F	S	U	O	T	V	T	Q	S	N
E	I	K	O	R	K	E	U	S	T	T	D	I	W	T	E
N	A	V	I	G	O	I	D	A	O	U	T	B	H	A	N
P	O	S	E	I	K	K	A	I	L	U	M	O	V	J	A
O	T	T	A	I	V	A	S	P	L	E	F	I	R	A	M
T	T	V	D	C	O	I	A	C	A	K	V	R	N	I	Y
K	L	Q	G	M	U	U	T	G	P	K	O	B	Y	E	O
U	O	A	R	A	K	E	N	T	A	M	I	N	E	N	N
R	P	S	Z	Y	S	E	U	Q	M	D	U	N	G	Y	S
I	R	B	B	Y	A	B	U	P	L	H	L	M	S	O	P
E	E	F	M	G	L	M	S	M	I	V	D	D	W	W	J

ILMA
ILMAINEN
LASKU
SEIKKAILU
ILMAPALLO
POLTTOAINE
TAIVAS
RAKENTAMINEN
LASKEUTUMINEN
SUUNTA
MIEHISTÖ
KORKEUS
POTKURI
HISTORIA
VETY
MOOTTORI
NAVIGOIDA
MATKUSTAJA
PILOTTI

27 - Aventure

I	Q	A	O	M	V	A	M	I	R	I	V	T	E	M	S
M	Z	I	A	L	V	G	A	P	G	G	A	V	P	A	F
G	S	U	K	L	U	O	T	T	N	D	I	T	Ä	H	E
C	D	R	L	L	T	Y	K	U	B	H	K	Y	T	D	Z
K	N	Z	U	U	S	I	A	V	I	U	E	L	A	O	P
V	A	A	R	A	L	L	I	N	E	N	U	L	V	L	M
I	S	M	A	T	K	U	S	T	A	A	S	Ä	A	L	B
T	U	R	V	A	L	L	I	S	U	U	S	T	L	I	R
N	T	K	Y	U	J	J	V	T	F	O	T	T	L	S	K
I	S	G	K	Z	H	W	J	E	O	L	I	Ä	I	U	A
O	O	Y	T	D	Y	G	U	E	T	I	Z	V	N	U	U
G	N	S	O	Y	U	C	N	T	N	R	M	Ä	E	S	N
I	N	T	Y	M	W	E	Z	S	O	U	E	I	N	C	E
V	I	Ä	K	O	H	D	E	A	U	Q	J	T	N	O	U
A	F	V	Y	Y	S	Z	S	A	L	B	G	V	K	T	S
N	R	Ä	V	W	H	O	J	H	L	F	N	S	G	I	A

TOIMINTA
YSTÄVÄ
KAUNEUS
MAHDOLLISUUS
VAARALLINEN
KOHDE
HAASTEET
VAIKEUS
INNOSTUS
RETKI
EPÄTAVALLINEN
MATKA
ILO
LUONTO
NAVIGOINTI
UUSI
TURVALLISUUS
YLLÄTTÄVÄ
MATKUSTAA

28 - Ville

S	U	P	E	R	M	A	R	K	E	T	K	E	O	F	N
D	O	B	B	T	A	Q	O	T	S	I	P	O	I	L	Y
J	P	K	B	W	P	I	P	A	N	K	K	I	U	S	R
A	I	I	Q	F	T	R	S	T	A	D	I	O	N	L	M
F	Z	D	C	T	E	E	A	I	R	E	L	L	A	G	U
A	I	U	W	H	E	T	N	V	A	H	T	F	U	L	K
K	A	L	W	D	K	T	Q	E	I	O	U	T	N	S	I
M	U	S	E	O	K	A	J	E	J	N	O	Z	E	C	R
K	B	B	J	K	I	E	H	L	L	W	T	T	P	Q	J
F	L	B	S	Z	G	T	Z	O	U	Q	S	O	L	G	A
L	Y	I	A	Y	A	N	I	K	K	R	A	M	L	T	K
K	I	K	N	O	L	A	S	U	B	Q	J	P	O	A	A
Z	G	U	W	I	P	F	I	V	P	D	R	U	H	W	U
R	Q	L	P	O	K	I	F	A	U	C	I	Z	G	O	P
Y	I	S	N	K	C	K	B	Q	Y	C	K	I	V	N	P
H	O	T	E	L	L	I	A	L	E	I	P	O	M	O	A

LUFTHAVN
PANKKI
KIRJASTO
LEIPOMO
ELOKUVA
KLINIKKA
KOULU
GALLERIA
HOTELLI
KIRJAKAUPPA

MARKKINA
MUSEO
APTEEKKI
RAVINTOLA
SALONKI
STADION
SUPERMARKET
TEATTERI
YLIOPISTO

29 - Ingénierie

L	A	Q	E	Q	B	V	M	A	A	D	S	P	Z	S	O
Y	N	G	S	U	W	A	I	J	Q	F	I	W	V	A	I
V	Y	V	I	N	V	I	T	I	G	K	B	E	O	N	L
L	N	L	W	D	Y	H	T	S	O	G	M	E	S	V	I
K	I	E	R	T	O	D	A	I	G	R	E	N	E	E	K
V	C	L	N	E	T	E	U	A	N	V	S	O	M	N	L
A	W	B	I	I	Q	Z	S	K	Z	A	C	K	O	N	P
K	I	K	O	F	M	L	N	L	P	H	A	A	O	E	H
A	Q	B	I	U	L	E	K	A	J	V	K	A	T	K	Q
U	O	Q	S	C	M	J	K	H	N	U	S	V	T	A	O
S	K	U	L	M	A	U	E	S	G	U	E	I	O	R	C
V	D	V	U	N	E	S	T	E	A	S	L	O	R	M	F
J	C	O	P	S	Y	V	Y	Y	S	L	I	L	I	Y	Y
Y	R	L	O	R	A	K	E	N	T	A	M	I	N	E	N
Y	S	L	R	G	F	D	C	F	R	Q	N	P	F	Z	W
W	P	R	P	W	T	U	U	P	E	G	E	E	Z	A	C

KULMA
AKSELI
LASKEMINEN
RAKENTAMINEN
KAAVIO
HALKAISIJA
DIESEL
JAKELU
VAIHDE
ENERGIA
VAHVUUS
NESTE
KONE
MITTAUS
MOOTTORI
SYVYYS
PROPULSIO
KIERTO
VAKAUS
RAKENNE

30 - Énergie

E	E	B	V	D	I	E	S	E	L	S	B	Y	F	N	F
N	L	Q	B	A	K	V	O	S	A	Ä	E	A	Q	K	O
I	O	E	R	V	K	I	E	L	U	H	N	I	D	Y	R
A	E	Y	K	U	V	H	W	Ä	R	K	S	P	U	L	U
O	J	M	K	T	H	E	O	M	I	Ö	I	O	O	D	R
T	S	P	E	U	R	I	A	P	N	I	I	R	E	N	E
T	M	Ä	C	I	S	O	I	Ö	K	N	N	T	J	F	N
L	O	R	H	S	R	M	N	L	O	E	I	N	O	W	S
O	O	I	H	U	T	I	K	I	I	N	P	E	S	I	N
P	T	S	M	U	A	K	Q	D	F	O	T	O	N	I	I
J	T	T	J	M	W	K	T	U	R	B	I	I	N	I	N
F	O	Ö	S	Y	P	D	K	V	M	B	W	Z	N	J	G
C	R	U	D	T	S	Z	Y	U	T	U	U	L	I	Z	J
C	I	R	T	S	U	D	N	I	O	B	V	H	K	T	A
Y	G	K	K	W	T	M	B	F	G	E	S	C	M	V	I
Y	J	S	H	V	E	T	Y	Q	A	Q	N	C	I	S	V

AKKU
HIILI
POLTTOAINE
LÄMPÖ
DIESEL
ENTROPIA
YMPÄRISTÖ
BENSIINI
SÄHKÖINEN
ELEKTRONI
VETY
INDUSTRI
MOOTTORI
YDIN
FOTONI
FORURENSNING
UUSIUTUVA
AURINKO
TURBIINI
TUULI

31 - Cuisine

R	F	T	E	B	U	F	R	M	G	L	R	J	M	E	H
E	U	N	N	A	K	S	W	K	P	M	Q	Ä	A	S	A
L	T	O	K	I	U	P	Ä	M	Ö	Y	S	Ä	U	I	U
F	O	B	K	G	J	V	V	R	Z	N	G	K	S	L	A
A	H	H	S	A	L	I	T	T	A	K	Q	A	T	I	Q
G	H	P	L	N	K	N	P	K	G	R	U	A	E	I	C
Z	V	S	T	I	P	U	K	D	D	N	K	P	E	N	J
O	S	O	Y	I	S	U	L	C	I	G	V	P	T	A	L
Q	Q	K	F	L	R	Q	Q	H	I	N	E	I	S	Q	E
H	J	K	W	S	A	E	Y	G	O	Y	I	K	U	U	T
W	M	E	M	A	J	B	S	U	Q	W	T	K	C	I	T
R	W	F	K	T	R	C	R	E	W	V	S	R	L	G	I
G	Q	W	F	U	J	Y	Q	W	P	H	E	U	I	E	E
S	F	S	T	A	H	U	A	K	K	T	T	P	T	T	M
S	F	W	I	L	L	I	R	G	T	E	I	G	J	R	M
P	A	K	A	S	T	I	N	L	U	S	I	K	A	T	Y

SYÖMÄPUIKOT
KULHO
KATTILA
PAKASTIN
VEITSET
KANNU
LUSIKAT
MAUSTEET
SIENI
UUNI
GAFLER
GRILLI
KAUHA
RUOKA
PURKKI
RESEPTI
JÄÄKAAPPI
LAUTASLIINA
ESILIINA
KUPIT

32 - Corps Humain

P	H	D	Z	P	Z	B	N	S	N	L	U	Z	M	K	R
U	O	U	P	Y	W	V	O	J	U	H	U	K	C	Ä	V
K	E	W	U	A	B	A	K	U	E	L	N	Y	T	S	M
G	V	P	I	L	E	I	K	J	S	U	E	Y	I	I	P
A	I	V	O	T	E	A	Y	K	Q	R	N	N	V	U	K
B	R	U	J	U	A	T	B	I	L	R	Ä	Ä	L	U	E
M	N	K	A	U	L	A	K	A	Y	I	M	R	O	S	U
C	P	Ä	Ä	I	H	O	O	F	I	R	N	P	P	A	K
J	J	Ä	D	T	I	M	R	B	E	E	M	Ä	V	P	A
F	M	P	U	Y	A	A	V	R	T	V	D	Ä	A	L	G
Q	T	A	W	Y	S	Z	A	G	I	N	W	G	T	R	I
V	U	K	K	A	S	V	O	T	U	S	D	G	S	R	I
A	I	L	R	J	U	P	V	T	R	M	A	I	A	S	Z
K	F	O	W	G	A	B	H	A	A	Q	B	D	U	Q	U
Y	D	Y	P	R	I	J	L	O	O	L	J	O	D	B	I
K	S	U	A	B	L	E	M	H	E	T	Z	V	O	J	Y

SUU
AIVOT
NILKKA
KAULA
KYYNÄRPÄÄ
SYDÄN
SORMI
VATSA
OLKAPÄÄ
POLVI

KIELI
HUULET
KÄSI
LEUKA
NENÄ
KORVA
IHO
VERI
PÄÄ
KASVOT

33 - Biologie

K	H	N	R	A	L	K	I	O	K	V	Z	U	C	D	H
N	O	E	A	C	S	G	T	I	R	E	E	T	K	A	B
A	I	L	R	L	P	I	I	N	O	M	R	O	H	A	O
N	T	M	L	M	T	N	S	O	M	N	A	R	R	J	P
A	A	A	S	A	O	R	C	R	O	Q	T	A	E	G	Z
T	A	T	Y	I	G	K	F	U	S	Q	U	O	C	I	F
O	T	E	N	S	W	E	M	E	O	R	D	B	R	I	J
M	U	L	A	S	T	C	E	N	M	Q	A	O	R	B	W
I	M	I	P	Ä	C	E	A	N	I	S	O	O	M	S	O
A	A	J	S	K	O	M	Q	H	I	N	D	E	I	K	I
P	I	A	I	Ä	E	V	O	L	U	U	T	I	O	E	Z
V	D	J	D	S	R	S	E	N	T	S	Y	Y	M	I	Z
S	Y	M	B	I	O	O	S	I	G	E	S	I	Z	Z	P
L	U	O	N	N	O	L	L	I	N	E	N	O	G	A	H
P	R	O	T	E	I	I	N	I	F	F	J	U	L	V	F
F	O	T	O	S	Y	N	T	E	E	S	I	N	B	U	S

ANATOMIA
BAKTEERIT
SOLU
KROMOSOMI
KOLLAGEENI
ALKIO
ENTSYYMI
EVOLUUTIO
HORMONI
NISÄKÄS
MUTAATIO
LUONNOLLINEN
HERMO
NEURONI
OSMOOSI
FOTOSYNTEESI
PROTEIINI
MATELIJA
SYMBIOOSI
SYNAPSI

34 - Épices

M	R	R	K	S	K	A	T	K	E	R	A	K	K	K	M
T	H	Z	Z	Z	U	M	N	A	P	A	H	U	A	O	A
L	D	A	Z	P	T	O	A	I	F	F	L	R	R	R	U
V	A	N	I	L	J	A	L	K	M	F	H	K	D	I	S
L	A	K	R	I	T	S	I	A	U	U	P	U	E	A	T
D	M	J	J	P	O	R	L	D	E	T	K	M	M	N	E
R	P	M	E	Q	A	P	U	A	Q	J	P	A	U	T	S
V	A	L	K	O	S	I	P	U	L	I	I	B	M	E	A
K	A	N	E	L	I	R	I	K	N	Q	P	N	M	R	H
C	U	R	R	Y	N	Ä	S	F	U	P	P	D	A	I	R
R	B	K	I	W	A	Ä	O	E	N	A	U	E	G	U	A
S	Y	U	R	N	R	V	S	N	C	P	R	Z	D	J	M
T	L	V	G	J	F	I	S	K	G	R	I	W	Z	Y	I
H	P	Q	Q	O	W	K	S	O	C	I	W	T	H	U	B
S	G	E	U	W	H	N	Y	L	C	K	J	Z	E	N	J
D	O	C	H	I	E	I	Y	I	F	A	T	G	V	N	E

HAPAN
VALKOSIPULI
KATKERA
ANIS
KANELI
KARDEMUMMA
KORIANTERI
KUMINA
KURKUMA
CURRY
FENKOLI
INKIVÄÄRI
SIPULI
PAPRIKA
PIPPURI
LAKRITSI
MAUSTESAHRAMI
MAKU
SUOLA
VANILJA

35 - Agronomie

P	E	I	F	C	Q	L	M	Q	N	J	H	V	V	K	W
Z	J	W	U	V	S	A	K	V	D	L	T	B	E	L	R
P	R	N	T	T	E	N	E	M	E	I	S	J	I	S	L
L	D	D	M	P	J	N	K	N	I	C	Z	D	B	T	G
E	K	U	K	Y	O	O	T	U	T	K	I	M	U	S	K
T	K	P	U	G	N	I	N	S	N	E	R	U	R	O	F
U	M	O	Ä	V	Ä	T	S	E	K	H	A	B	H	O	Y
O	A	Y	L	F	N	E	E	V	E	N	E	R	G	I	A
T	A	M	R	O	Q	S	W	D	E	Z	B	N	T	S	M
A	S	P	U	Y	G	U	H	K	U	S	K	Z	I	O	S
N	E	Ä	O	V	J	I	Y	C	I	A	I	B	E	O	K
T	U	R	K	R	E	V	A	N	P	M	R	I	D	R	W
O	D	I	A	S	M	A	A	P	E	R	Ä	I	E	E	N
H	U	S	U	O	L	A	T	A	A	M	G	W	A	C	K
B	N	T	V	I	H	A	N	N	E	S	J	C	N	S	C
W	B	Ö	S	Y	S	T	E	E	M	I	T	T	H	T	E

MAATALOUS
KASVU
KESTÄVÄ
VESI
LANNOITE
YMPÄRISTÖ
EKOLOGIA
ENERGIA
EROOSIO
TUTKIMUS
SIEMENET
VIHANNES
SAIRAUDET
RUOKA
FORURENSNING
TUOTANTO
MAASEUDUN
TIEDE
MAAPERÄ
SYSTEEMIT

36 - Science

O	K	H	B	L	Y	K	E	Q	D	Q	A	E	I	R	M
R	Y	J	P	G	I	S	E	I	M	E	D	E	I	T	I
G	R	O	A	M	I	O	V	O	N	I	A	P	Z	L	N
A	J	U	A	O	I	R	O	T	A	R	O	B	A	L	E
N	Q	O	V	F	A	I	L	Y	Y	K	E	L	O	M	R
I	N	Y	L	O	K	C	U	U	L	A	C	C	G	M	A
S	A	E	R	S	O	Y	U	H	T	Y	L	E	H	I	A
M	P	Y	N	S	E	O	T	N	I	A	V	A	H	L	L
I	W	H	Q	I	F	R	I	V	M	O	Z	I	Y	M	I
W	R	E	K	I	L	Y	O	R	O	S	P	S	P	A	H
M	R	Z	R	L	U	L	S	O	T	Q	Q	A	O	S	A
U	N	W	J	I	W	U	A	I	A	S	E	I	T	T	N
T	I	E	D	O	T	S	B	I	I	Z	P	S	E	O	N
M	E	N	E	T	E	L	M	Ä	M	K	O	O	E	M	G
H	I	U	K	S	E	T	P	Z	D	E	K	T	S	F	Q
N	G	G	L	U	O	N	T	O	L	M	K	A	I	V	N

ATOMI
KEMIALLINEN
ILMASTO
TIEDOT
KOE
EVOLUUTIO
TOSIASIA
FOSSIILI
PAINOVOIMA
HYPOTEESI
LABORATORIO
MENETELMÄ
MINERAALI
MOLEKYYLI
LUONTO
HAVAINTO
ORGANISMI
HIUKSET
FYSIIKKA
TIEDEMIES

37 - Vêtements

A	C	L	F	J	W	L	J	A	M	E	K	K	O	K	N
R	T	E	E	N	I	S	Ä	K	Z	J	B	L	N	E	V
M	P	U	S	E	R	O	E	R	W	L	G	M	H	N	I
B	E	R	R	B	Q	T	S	P	A	I	T	A	I	K	L
Å	E	O	O	O	Y	A	G	A	M	A	J	Y	P	Ä	L
N	Y	K	I	K	K	H	N	P	N	H	A	M	E	E	A
D	W	A	T	A	K	K	I	C	M	D	O	G	T	E	P
Z	R	L	C	Y	D	Ö	W	A	R	O	A	F	J	B	A
F	J	U	F	N	F	S	Y	Q	L	N	Y	A	N	V	I
C	N	A	V	H	H	U	I	V	I	I	Q	U	L	O	T
D	L	K	I	H	M	G	T	H	A	T	T	U	W	I	A
C	I	C	T	L	F	K	O	R	L	M	I	G	V	K	T
R	C	A	C	B	R	L	U	R	L	K	I	N	B	T	C
D	M	T	R	U	Y	R	M	E	S	I	L	I	I	N	A
Z	H	U	H	O	U	S	U	T	U	K	R	A	F	Y	J
Y	Z	S	T	U	M	Y	P	P	J	E	K	Z	K	F	V

KORUT
ARMBÅND
VYÖ
HATTU
KENKÄ
PAITA
PUSERO
KAULAKORU
HUIVI
KÄSINEET
FARKUT
HAME
MUOTI
HOUSUT
VILLAPAITA
PYJAMA
MEKKO
SANDAALIT
ESILIINA
TAKKI

38 - Arts Visuels

M	N	Z	L	M	C	Z	U	S	U	C	N	Y	S	P	N
A	A	A	C	Y	W	C	B	F	A	E	S	B	W	Q	Ä
R	V	A	Q	W	I	N	I	I	F	A	R	A	P	L	K
K	U	V	L	O	A	J	I	L	I	E	T	I	A	T	Ö
K	K	U	V	A	Y	U	Y	M	A	A	L	A	U	S	K
I	O	K	I	L	U	E	S	K	M	C	Z	S	R	R	U
T	L	O	W	U	T	S	L	H	Y	R	N	C	M	K	L
E	A	T	S	O	I	N	T	O	Z	N	U	C	B	H	M
H	V	O	U	V	I	I	Z	E	K	U	Ä	N	Y	K	A
T	M	U	M	U	L	A	C	Z	L	U	S	A	V	I	L
U	H	M	U	U	Q	L	D	V	I	I	V	R	B	O	A
U	S	O	T	S	I	E	V	Q	O	D	N	A	G	K	K
R	C	D	S	O	E	T	I	R	A	T	S	E	M	I	K
I	U	H	O	F	U	D	H	E	C	W	W	Q	U	V	A
M	H	C	O	L	B	Q	I	Y	Y	N	Y	L	M	W	S
S	E	A	K	K	I	I	M	A	R	E	K	P	J	M	S

ARKKITEHTUURI
SAVI
TAITEILIJA
KERAMIIKKA
MESTARITEOS
MAALAUSTELINE
PARAFIINI
KOOSTUMUS
LIITU
LYIJYKYNÄ
LUOVUUS
ELOKUVA
MAALAUS
NÄKÖKULMA
VALOKUVA
MUOTOKUVA
VEISTOS
KYNÄ
LAKKA

39 - Méditation

M	D	Y	N	U	Q	M	F	O	J	N	O	Z	J	H	N
R	Y	H	V	K	U	I	Y	K	S	W	E	I	Q	A	Ä
A	S	Y	E	K	L	E	S	Ö	N	V	V	Y	O	V	K
U	T	W	M	S	C	O	S	G	T	Z	V	W	G	A	Ö
H	Ä	A	M	D	Z	N	Y	Q	R	Ä	D	Y	V	I	K
A	V	B	K	Y	B	U	T	A	R	Y	T	D	H	N	U
L	Ä	Y	H	E	R	E	I	L	L	Ä	H	U	Q	T	L
L	L	I	V	I	T	Z	G	O	S	U	B	T	N	O	M
I	L	Ä	T	S	I	K	N	E	H	G	O	U	I	T	A
N	I	R	J	H	B	M	E	E	A	M	I	E	L	I	O
E	S	A	V	Z	T	E	H	B	T	W	M	K	H	C	T
N	Y	U	M	U	S	I	I	K	K	I	O	I	G	W	N
T	Y	H	U	L	C	F	Q	A	D	T	U	I	Y	T	O
M	S	A	T	U	N	N	E	R	I	W	H	L	M	N	U
H	Y	V	Ä	K	S	Y	M	I	N	E	N	S	T	T	L
K	I	I	T	O	L	L	I	S	U	U	S	R	F	C	C

HYVÄKSYMINEN
HUOMIO
RAUHALLINEN
SELKEYS
MYÖTÄTUNTO
MIELI
TUNNE
HEREILLÄ
YSTÄVÄLLISYYS
KIITOLLISUUS
HENKISTÄ
LIIKE
MUSIIKKI
LUONTO
HAVAINTO
RAUHA
NÄKÖKULMA
RYHTI
HENGITYS

40 - Littérature

A	A	Z	B	K	T	R	A	G	E	D	I	A	Z	N	Q
P	G	Y	C	I	E	S	N	W	Q	O	M	L	H	Y	R
P	O	L	V	A	O	R	Z	I	M	P	R	T	P	B	B
U	O	U	K	K	J	U	T	E	O	T	O	B	S	U	U
Ä	M	L	E	T	Ä	Ä	P	O	L	K	M	V	G	J	V
R	A	I	G	O	L	A	N	A	J	B	A	W	F	A	K
Q	Y	A	M	E	E	T	W	E	A	A	A	S	Q	I	C
E	M	T	G	T	D	A	F	I	O	A	N	R	U	N	O
T	B	R	M	W	A	T	O	I	T	K	I	F	U	R	A
G	D	E	H	I	L	Y	Y	T	Q	E	M	F	T	J	N
G	F	V	M	E	T	A	F	O	R	A	K	J	Q	E	A
O	W	K	U	V	A	U	S	A	N	V	O	I	Y	P	L
L	O	P	P	U	S	O	I	N	T	U	N	R	J	C	Y
A	A	N	E	K	D	O	O	T	T	I	G	D	I	Ä	Y
I	R	U	N	O	L	L	I	N	E	N	T	E	D	Y	S
D	E	L	Ä	M	Ä	K	E	R	T	A	F	E	R	K	I

ANALOGIA
ANALYYSI
ANEKDOOTTI
TEKIJÄ
ELÄMÄKERTA
VERTAILU
PÄÄTELMÄ
KUVAUS
DIALOG
FIKTIOTA
METAFORA
KERTOJA
RUNO
RUNOLLINEN
LOPPUSOINTU
ROMAANI
RYTMI
TYYLI
TEEMA
TRAGEDIA

41 - Nourriture #1

L	I	H	A	B	K	O	M	A	K	K	I	S	N	A	M
Y	M	T	M	R	U	H	E	N	R	S	A	L	O	U	S
S	O	K	E	R	I	R	H	A	A	I	K	H	G	L	D
S	B	Q	E	L	B	A	U	U	E	F	I	G	V	Z	Z
U	I	E	T	S	A	Q	T	R	L	N	L	K	P	I	P
J	L	P	K	N	E	I	H	I	K	U	I	A	A	T	T
U	U	P	U	I	H	R	U	S	P	T	S	N	B	T	Y
L	P	U	P	L	M	A	I	T	O	Z	A	E	P	A	I
A	I	S	H	Ä	I	V	Z	B	H	L	B	L	F	A	M
E	S	O	M	W	Ä	V	N	S	G	J	D	I	N	N	S
E	O	D	F	A	M	R	E	C	E	C	R	Y	Q	I	N
U	K	D	Y	V	G	T	Y	B	E	J	N	O	V	P	S
I	L	I	C	G	Y	M	A	N	U	U	R	T	I	S	M
S	A	N	A	K	K	R	O	P	Ä	B	W	H	H	U	C
G	V	S	A	L	A	A	T	T	I	K	Z	Q	G	N	D
J	R	J	J	S	D	K	M	L	S	D	D	U	G	M	N

VALKOSIPULI
BASILIKA
KAHVI
KANELI
PORKKANA
SITRUUNA
PINAATTI
MANSIKKA
MEHU
MAITO
NAURIS
SIPULI
OHRA
PÄÄRYNÄ
SALAATTI
SUOLA
SUPPE
SOKERI
TUNFISK
LIHA

42 - Jours et Mois

K	I	P	H	V	O	K	K	I	I	V	I	K	S	E	K
P	E	R	J	A	N	T	A	I	V	Z	V	K	I	M	A
I	K	G	M	U	U	K	O	L	E	C	E	E	C	A	L
G	C	G	G	U	U	K	I	M	L	E	H	S	T	M	E
S	O	L	Z	K	K	F	A	A	S	N	A	Ä	M	D	N
Z	I	C	Q	Ä	I	P	T	A	P	C	I	K	I	G	T
M	S	V	Q	N	M	A	S	L	R	H	A	U	F	H	E
C	Y	P	T	I	M	O	R	I	N	I	T	U	E	W	R
Q	H	S	Q	E	A	Z	O	S	A	C	N	U	C	M	I
N	C	W	U	H	T	T	T	K	T	T	U	A	T	Z	L
O	O	U	U	K	I	T	H	U	H	K	N	R	N	Y	S
Q	R	O	K	K	I	I	V	U	R	J	N	A	O	O	Z
J	K	C	S	M	A	R	R	A	S	K	U	U	U	R	B
N	H	C	Y	L	O	K	A	K	U	U	S	G	W	A	P
R	L	D	Y	K	U	U	K	A	U	S	I	A	H	O	L
T	I	I	S	T	A	I	A	T	N	A	N	A	A	M	T

ELOKUU
HUHTIKUU
KALENTERI
SUNNUNTAI
HELMIKUU
TAMMIKUU
TORSTAI
HEINÄKUU
KESÄKUU
MAANANTAI
TIISTAI
MAALISKUU
KESKIVIIKKO
KUUKAUSI
MARRASKUU
LOKAKUU
LAUANTAI
VIIKKO
SYYSKUU
PERJANTAI

43 - Entreprise

V	L	R	E	B	S	S	B	L	U	R	Q	R	F	E	G
A	S	I	E	A	U	K	V	G	S	A	P	P	U	A	K
L	C	L	F	M	N	D	Q	B	H	R	T	L	S	R	M
U	R	M	O	R	N	K	S	A	M	A	O	E	B	U	P
U	A	Y	M	P	A	J	U	J	Z	V	O	R	F	O	T
T	H	Y	R	Z	T	A	T	A	E	A	Q	G	P	K	Y
T	O	M	P	Z	S	L	I	T	K	T	O	R	E	V	Ö
A	I	Ä	F	O	U	F	O	N	Ö	I	T	H	Y	Q	N
R	T	L	K	T	K	W	J	A	H	K	J	M	W	K	T
F	U	Ä	U	S	N	A	I	N	A	E	Y	D	Y	M	E
M	S	D	N	I	M	G	S	Ö	S	F	R	A	H	A	K
Y	D	I	O	M	C	R	T	Y	T	W	V	M	J	R	I
Y	Q	E	O	I	Q	W	U	T	E	H	D	A	S	S	J
N	T	A	L	O	U	S	L	S	E	K	N	O	M	Z	Ä
T	N	F	Y	T	H	O	O	T	T	I	O	V	B	G	O
I	K	J	H	D	O	H	W	B	H	H	O	K	Q	Y	G

RAHA
MYYMÄLÄ
BUDSJETT
TOIMISTO
URA
KUSTANNUS
VALUUTTA
TYÖNANTAJA
TYÖNTEKIJÄ
YHTIÖ
TALOUS
RAHOITUS
VEROT
SIJOITUS
TAVARA
VOITTO
TULO
KAUPPA
TEHDAS
MYYNTI

44 - Activités

C	B	A	E	C	L	S	Y	T	S	Ä	S	T	E	M	E
K	H	D	R	M	H	B	W	E	O	T	A	I	T	O	Q
Z	W	V	D	A	E	G	L	E	T	I	F	D	E	L	D
L	K	E	O	A	G	H	U	N	P	U	M	K	E	N	C
O	K	K	Z	L	U	Q	E	E	D	K	S	I	N	B	C
O	M	E	H	A	B	K	Y	V	F	S	T	K	N	H	F
P	G	P	E	U	T	A	I	K	A	U	P	E	V	T	I
I	L	O	E	S	U	T	S	A	L	A	K	R	A	L	A
P	H	P	D	L	V	A	P	A	A	V	S	A	E	U	I
P	L	N	I	W	U	A	I	N	B	U	T	M	L	K	F
G	E	T	A	A	H	B	P	C	W	K	V	I	L	E	A
Y	U	L	T	M	L	L	O	L	N	O	H	I	U	M	G
E	Y	C	I	U	H	H	Z	R	R	L	Y	K	S	I	N
W	F	N	G	T	B	I	Y	U	Q	A	F	K	G	N	N
O	J	R	C	A	M	P	I	N	G	V	R	A	L	E	G
M	S	T	I	H	E	T	U	E	U	B	L	Q	M	N	E

TOIMINTA
TAIDE
VENEET
CAMPING
KERAMIIKKA
METSÄSTYS
TAITO
OMPELU
ETU
PELIT
LUKEMINEN
VAPAA
TAIKA
MAALAUS
KALASTUS
VALOKUVAUS
ILO
VAELLUS

45 - Mode

H	A	B	S	Q	S	N	B	W	F	P	K	C	R	T	N
U	I	N	R	E	D	O	M	R	V	R	A	Z	A	Y	G
A	S	E	U	Q	I	T	U	O	B	A	L	V	K	Y	I
T	D	U	N	A	V	A	K	U	M	K	L	A	E	L	W
E	Y	V	U	O	L	M	I	K	J	T	I	A	N	I	L
E	A	Y	F	N	S	I	F	R	E	I	S	T	N	K	T
K	A	I	L	B	T	T	R	M	J	S	B	E	E	Ä	F
K	I	A	W	I	A	A	U	B	T	K	N	P	G	S	J
I	L	Y	J	I	T	A	U	N	P	U	Y	M	E	B	K
N	Y	K	P	W	I	V	M	S	U	G	F	M	K	R	A
I	K	Y	E	A	M	G	G	W	J	T	P	U	P	O	N
A	E	D	U	L	L	I	N	E	N	G	G	H	I	D	G
P	A	L	K	U	P	E	R	Ä	I	N	E	N	T	E	A
P	Z	W	A	D	K	U	V	I	O	L	Z	W	S	R	S
R	I	G	D	N	K	V	M	I	U	W	J	F	I	I	W
U	R	K	G	S	N	R	G	O	B	O	T	I	E	Q	Z

EDULLINEN
BOUTIQUE
PAINIKKEET
BRODERI
KALLIS
MUKAVA
PITSI
TYYLIKÄS
MITAT
MODERNI
VAATIMATON
KUVIO
ALKUPERÄINEN
PRAKTISK
HIENOSTUNUT
TYYLI
SUUNTAUS
RAKENNE
KANGAS
VAATE

46 - Fleurs

P	K	E	T	C	L	I	L	J	A	M	O	O	U	T	E
R	L	L	A	V	E	N	T	E	L	I	R	W	N	U	D
V	S	U	C	S	I	B	I	H	H	N	K	P	I	L	O
F	C	S	M	D	F	F	N	Q	N	I	I	Ä	K	P	C
T	Q	U	W	E	Y	D	O	J	M	I	D	I	K	P	M
T	W	U	G	Q	R	T	I	P	H	M	E	V	O	A	M
L	E	R	B	I	G	I	P	E	R	S	A	Ä	H	A	R
Z	I	R	R	N	A	V	A	Q	W	A	K	N	H	N	G
A	M	I	Ä	G	O	K	L	E	I	J	K	K	S	I	E
I	A	P	L	L	P	Q	I	E	S	H	U	A	D	N	M
L	Q	D	V	A	E	U	P	P	M	I	K	K	S	D	U
O	S	I	R	V	V	H	A	K	M	A	I	K	C	Q	F
N	Y	C	C	Y	H	S	T	W	A	M	O	A	G	R	R
G	W	S	V	G	J	Q	W	I	J	U	V	R	L	E	F
A	K	K	U	K	N	O	G	N	I	R	U	A	P	H	O
M	Z	F	M	G	A	R	D	E	N	I	A	I	D	R	Y

KIMPPU
GARDENIA
HIBISCUS
JASMIINI
LAVENTELI
LIILA
LILJA
MAGNOLIA
PÄIVÄNKAKKARA
ORKIDEA
UNIKKO
TERÄLEHTI
VOIKUKKA
PIONI
PLUMERIA
RUUSU
AURINGONKUKKA
APILA
TULPPAANI

47 - Nourriture #2

P	M	U	N	A	K	O	I	S	O	Z	V	Y	V	V	D
A	A	L	K	U	S	Q	W	U	I	H	Z	P	H	P	N
R	N	A	A	M	M	T	V	U	D	H	T	N	M	U	Z
S	A	W	C	A	R	U	G	P	K	B	O	G	U	D	A
A	K	V	I	N	A	A	N	A	B	D	P	I	K	V	K
K	Q	D	A	T	N	A	M	A	S	U	K	K	N	I	K
A	L	A	K	E	L	Ä	P	Y	R	M	O	I	A	C	I
A	N	E	F	L	Y	T	P	K	I	O	M	T	I	G	S
L	I	S	I	I	R	O	U	P	U	W	E	J	N	V	R
I	A	J	R	P	U	M	R	V	D	Ä	N	H	E	V	I
P	H	P	E	V	Ä	A	N	O	G	N	A	M	I	E	K
E	D	Y	L	I	W	A	A	O	M	L	C	U	S	P	K
E	H	P	L	D	D	T	A	K	F	K	Q	K	S	O	U
V	Q	S	E	V	N	T	M	W	Y	G	P	A	H	I	L
B	C	W	S	A	P	I	O	I	O	Q	Z	L	P	F	U
T	D	G	L	J	U	L	N	O	B	R	N	E	Y	G	T

MANTELI
MUNAKOISO
BANAANI
VEHNÄ
PARSAKAALI
KIRSIKKA
SELLERI
SIENI
SUKLAA
KINKKU
KIIVI
MANGO
MUNA
LEIPÄ
KALA
OMENA
KANA
RYPÄLE
RIISI
TOMAATTI

48 - Algèbre

L	K	P	O	M	P	M	H	G	I	Y	S	N	J	S	M
I	I	T	T	N	E	N	O	P	S	K	E	U	W	K	U
N	F	P	F	A	G	M	U	K	I	P	T	M	Z	A	U
E	Q	E	K	D	V	E	S	S	I	V	N	E	S	R	T
A	B	S	J	S	V	F	L	B	R	K	E	R	L	A	T
A	G	F	N	Ä	R	Ä	Ä	M	T	L	R	O	K	T	U
R	R	S	Z	J	D	R	H	J	A	V	A	A	K	K	J
I	V	E	B	I	L	Ä	N	E	M	M	P	R	M	A	A
N	P	D	Z	K	E	Ä	N	B	N	N	M	K	Q	I	N
E	N	J	W	E	D	V	Q	R	Ö	N	D	U	O	S	O
N	Ö	L	Ä	T	H	Y	T	R	T	Y	Y	H	S	U	L
R	A	T	K	A	I	S	T	A	E	U	Q	S	J	F	L
D	Y	K	A	A	V	I	O	O	R	I	B	N	G	E	A
E	S	T	R	N	N	T	T	N	Ä	K	C	Y	W	J	Q
J	T	H	D	S	D	D	V	Y	Ä	D	T	U	E	A	I
I	P	A	T	V	S	G	R	E	C	Z	J	R	Y	E	R

KAAVIO
EKSPONENTTI
YHTÄLÖ
TEKIJÄ
VÄÄRÄ
KAAVA
JAE
ÄÄRETÖN
LINEAARINEN
MATRIISI
NUMERO
PARENTES
ONGELMA
MÄÄRÄ
RATKAISTA
RATKAISU
SUMMA
VÄHENNYS
MUUTTUJA
NOLLA

49 - Océan

K	T	P	E	T	Q	Q	U	R	S	U	O	V	M	K	K
K	E	I	R	E	T	S	O	I	Q	H	Q	U	Y	I	A
M	N	I	D	R	J	Y	N	U	G	D	J	S	R	L	T
V	A	V	A	E	A	G	G	T	J	H	K	I	S	P	K
C	M	Y	G	V	V	P	A	T	J	R	P	O	K	I	A
I	L	Z	R	I	S	A	U	A	L	O	U	S	Y	K	R
F	T	R	Q	H	A	I	N	I	I	F	L	E	D	O	A
Q	Q	E	T	S	I	N	S	N	R	V	R	K	N	N	V
C	N	J	Q	J	R	E	K	O	R	A	L	L	I	N	U
E	C	C	U	Z	E	I	Q	A	J	C	H	P	H	A	T
V	A	L	A	S	K	S	I	F	N	U	T	O	E	E	P
Z	Z	Y	V	E	N	E	A	A	L	T	O	E	Y	C	M
F	T	Y	E	I	A	L	A	K	E	T	S	U	M	M	B
W	Y	Z	L	Y	L	L	B	F	O	Q	B	L	D	Z	A
F	R	O	Q	J	K	P	A	N	L	N	N	I	E	U	A
L	I	Y	R	Y	L	B	R	K	Y	F	S	O	F	Y	U

ANKERIAS
VALAS
VENE
KORALLI
RAPU
KATKARAVUT
DELFIINI
SIENI
OSTERI
TIDEVANN
MANET
KALA
MUSTEKALA
HAI
RIUTTA
SUOLA
MYRSKY
TUNFISK
KILPIKONNA
AALTO

50 - Antiquités

A	E	L	E	T	S	W	T	K	H	N	R	F	S	T	B
K	N	L	P	U	O	V	R	A	O	C	P	P	I	V	O
K	T	C	Ä	T	T	E	T	S	I	R	O	K	J	A	T
C	I	H	T	J	I	E	R	S	A	D	U	Q	O	P	Q
H	S	I	A	V	A	B	R	M	L	F	E	T	I	P	S
U	Ö	N	V	H	U	K	O	L	I	K	O	T	T	U	W
O	I	T	A	M	T	O	D	Ä	K	V	G	L	U	A	Y
N	N	A	L	Y	A	O	S	J	O	H	L	L	S	K	Q
E	T	V	L	I	A	A	Ä	I	V	E	I	S	T	O	S
K	I	L	I	D	L	Y	K	L	S	S	A	H	C	T	J
A	T	Q	N	Z	E	T	I	I	E	A	B	H	L	U	Z
L	H	Z	E	V	H	Y	L	Ä	M	Y	T	K	V	U	L
U	K	E	N	F	Q	O	Y	R	G	C	F	A	W	H	E
V	A	N	H	A	Z	O	Y	E	I	U	P	L	F	P	T
U	J	Z	T	O	F	A	T	K	Y	Z	O	L	F	F	N
T	Y	Y	L	I	G	A	L	L	E	R	I	A	Y	R	U

TAIDE
AITO
KORUT
KERÄILIJÄ
KORISTE
HUUTOKAUPPA
TYYLIKÄS
GALLERIA
EPÄTAVALLINEN
SIJOITUS
HUONEKALU
KOLIKOT
HINTA
LAATU
ENTISÖINTI
VEISTOS
VUOSISATA
TYYLI
ARVO
VANHA

51 - Réchauffement Climatique

J	H	R	B	V	V	H	W	H	Y	Z	I	C	D	B	N
I	L	A	I	N	S	Ä	Ä	D	Ä	N	T	Ö	C	D	Y
V	Ä	E	S	T	Ö	V	H	A	K	M	N	P	D	S	T
L	Y	M	P	Ä	R	I	S	T	Ö	E	D	T	G	M	P
O	T	S	A	M	L	I	E	O	H	R	O	A	T	I	T
P	S	N	P	N	V	N	I	D	A	K	L	L	J	H	Z
U	S	C	M	E	P	D	M	E	L	I	S	I	I	R	K
K	S	I	H	N	V	U	E	I	L	T	S	T	D	L	I
U	E	A	L	I	R	S	D	T	I	T	A	Ö	H	G	Y
S	A	N	A	T	D	T	E	N	T	Ä	H	P	S	U	U
Y	B	O	E	K	Y	R	I	S	U	V	U	M	V	D	M
H	T	G	F	R	W	I	T	M	S	Ä	O	Ä	R	R	I
F	U	L	R	A	G	W	S	L	G	V	M	L	W	B	G
I	R	K	Z	H	R	I	V	O	Q	Q	I	T	Q	E	E
K	E	H	I	T	Y	S	A	L	M	E	O	D	A	A	B
H	K	T	U	L	E	V	A	I	S	U	U	S	W	O	M

ARKTINEN
HUOMIO
ILMASTO
KRIISI
KEHITYS
TIEDOT
YMPÄRISTÖ
ENERGIA
TULEVAISUUS
KAASU
SUKUPOLVI
HALLITUS
INDUSTRI
LAINSÄÄDÄNTÖ
NYT
VÄESTÖ
TIEDEMIES
MERKITTÄVÄ
LÄMPÖTILAT

52 - Ballet

E	D	V	R	L	O	O	L	O	R	L	Z	T	T	M	M
M	Z	L	E	S	I	Y	Z	L	Y	J	C	S	A	U	S
T	K	A	W	E	R	H	T	S	T	V	E	Z	I	S	H
F	A	N	L	S	J	S	A	Ä	M	V	Q	D	T	I	A
Y	E	I	L	E	F	D	J	K	I	I	Ä	A	E	I	R
R	L	R	T	P	T	D	I	I	S	H	J	K	E	K	J
U	J	E	L	O	M	A	S	E	W	E	Ä	I	L	K	O
I	U	L	I	M	S	M	S	M	T	A	T	S	L	I	I
L	O	L	O	S	W	S	N	L	W	V	L	Q	I	R	T
R	R	A	F	R	Ö	M	A	I	V	I	E	E	N	E	E
B	B	B	V	A	Y	Q	T	Y	P	S	V	Z	E	T	L
K	O	R	E	O	G	R	A	F	I	A	Ä	E	N	S	L
T	E	K	N	I	I	K	K	A	U	B	S	L	R	E	A
T	Y	Y	L	I	Z	Y	Y	J	Y	J	C	E	Q	K	F
H	A	R	J	O	I	T	U	K	S	E	T	I	E	R	M
I	N	T	E	N	S	I	T	E	E	T	T	I	J	O	M

TAITEELLINEN
BALLERINA
KOREOGRAFIA
TAITO
SÄVELTÄJÄ
TANSSIJAT
ILMEIKÄS
ELE
INTENSITEETTI
LIHAKSET
MUSIIKKI
ORKESTERI
HARJOITELLA
YLEISÖ
HARJOITUKSET
RYTMI
TYYLI
TEKNIIKKA

53 - Fruit

A	V	A	U	G	E	L	Ä	P	Y	R	Y	N	N	Y	O
P	A	K	N	I	B	Y	U	T	Z	A	P	A	E	S	K
R	G	T	V	K	L	E	R	U	G	Z	A	Z	K	C	R
I	V	W	S	Ä	O	E	U	E	M	Y	Y	G	T	A	Q
K	A	I	I	N	A	A	N	A	B	U	E	R	A	V	G
O	R	U	T	Y	K	N	K	J	M	A	L	G	R	O	S
O	F	I	R	R	K	U	I	I	D	C	D	G	I	K	M
S	P	F	U	Ä	I	K	I	P	N	I	F	F	I	A	H
I	A	B	U	Ä	S	I	V	J	Y	Q	P	T	N	D	P
P	M	N	N	P	R	I	I	N	O	L	E	M	I	O	Q
I	J	P	A	K	I	V	D	T	Z	N	R	E	S	C	P
O	V	Y	R	N	K	Q	Q	J	Z	C	S	M	S	P	C
A	M	L	E	D	A	V	H	B	N	G	I	K	N	Z	G
S	V	E	M	A	N	G	O	B	Q	B	K	N	A	J	O
D	S	F	N	K	T	H	L	V	N	I	K	E	R	Y	Q
N	E	O	T	A	M	A	R	J	A	H	A	F	O	A	V

APRIKOOSI
ANANAS
AVOKADO
MARJA
BANAANI
KIRSIKKA
SITRUUNA
VIIKUNA
VADELMA
GUAVA
KIIVI
MANGO
MELONI
NEKTARIINI
ORANSSI
PERSIKKA
PÄÄRYNÄ
OMENA
LUUMU
RYPÄLE

54 - Technologie

T	N	E	S	U	R	I	V	F	T	G	R	T	P	D	T
U	O	W	W	N	P	A	N	A	N	F	V	I	R	I	U
T	B	E	F	Z	V	A	K	T	E	Q	Y	E	F	G	R
K	Ö	I	D	J	S	K	Z	E	E	G	D	D	Q	I	V
I	T	T	N	O	F	T	Z	B	K	R	U	O	M	T	A
M	T	S	T	A	V	U	A	Z	N	N	N	T	A	A	L
U	Y	E	N	O	K	O	T	E	I	T	E	E	I	A	L
S	Ä	I	T	I	L	A	S	T	O	T	B	Z	T	L	I
T	N	V	Z	N	J	C	W	U	U	W	R	U	C	I	S
N	I	I	U	Z	A	P	B	J	O	S	E	Z	U	N	U
E	C	E	G	G	A	R	S	E	L	A	I	N	A	E	U
B	D	C	D	O	H	J	E	L	M	I	S	T	O	N	S
L	Y	W	Q	O	H	A	O	M	K	U	R	S	O	R	I
O	M	K	M	G	S	I	E	N	A	M	E	O	C	P	J
G	E	L	O	A	R	T	T	S	E	K	T	L	C	E	Y
I	D	K	S	C	M	W	O	H	C	U	R	Z	N	G	R

BLOGI
KAMERA
KURSORI
TIEDOT
NÄYTTÖ
TIEDOSTO
INTERNET
OHJELMISTO
VIESTI
SELAIN
DIGITAALINEN
TAVUA
TIETOKONE
FONTTI
TUTKIMUS
TURVALLISUUS
TILASTOT
VIRUS

55 - Musique

O	T	R	U	N	O	L	L	I	N	E	N	R	J	P	V
M	O	E	K	L	A	S	S	I	N	E	N	Y	I	K	Ä
I	H	O	M	M	U	U	S	I	K	K	O	T	I	Y	L
W	I	F	P	P	I	K	K	I	I	S	U	M	N	F	I
H	D	N	O	P	O	O	W	P	A	E	F	I	W	W	N
Y	U	V	J	Q	E	D	Y	O	Y	U	F	N	A	W	E
C	J	D	K	Y	F	R	V	I	M	Ä	M	E	T	G	A
U	L	U	A	L	K	N	A	D	H	J	Ä	N	P	N	E
K	T	L	I	N	O	F	O	R	K	I	M	N	F	W	G
I	I	M	N	T	Z	Q	I	B	O	B	L	J	I	Y	T
A	I	D	O	L	E	M	E	J	L	A	R	R	M	T	S
B	G	S	M	P	O	D	S	O	V	L	J	J	U	M	E
L	Y	Y	R	I	N	E	N	S	B	L	R	E	B	T	Q
I	I	G	A	J	A	L	U	A	L	A	I	L	L	I	N
B	N	C	H	L	A	U	L	A	A	D	D	L	A	F	S
H	A	R	M	O	N	I	N	E	N	I	M	T	Y	R	M

ALBUMI
BALLADI
LAULAA
LAULAJA
KLASSINEN
ÄÄNITE
HARMONIA
HARMONINEN
VÄLINE
LYYRINEN

MELODIA
MIKROFONI
MUSIIKKI
MUUSIKKO
OOPPERA
RUNOLLINEN
RYTMI
RYTMINEN
TEMPO
LAULU

56 - Météo

S	M	Y	R	S	K	Y	P	C	F	A	P	H	I	S	U
T	A	T	O	R	N	A	D	O	H	L	C	U	P	U	L
U	O	T	M	T	Q	K	Y	N	D	I	C	R	P	M	R
M	T	T	E	E	A	U	Y	E	H	T	W	R	G	U	T
E	P	H	S	E	L	S	C	N	H	Ö	I	I	S	T	R
K	U	I	V	A	N	A	E	I	T	P	T	K	Y	T	O
M	F	H	I	M	M	K	M	L	L	M	J	A	K	J	O
T	U	L	V	A	O	L	A	L	N	Ä	M	A	U	C	P
J	Ä	Ä	N	N	E	N	I	A	M	L	I	N	I	K	P
P	O	L	A	R	O	V	S	H	R	Z	V	I	V	G	I
D	Z	Z	C	Q	L	V	Y	U	Y	I	L	U	U	T	N
U	K	K	O	N	E	N	U	A	U	A	I	A	U	O	E
O	M	Q	D	A	V	Z	Q	R	F	N	P	A	S	J	N
R	B	T	A	I	V	A	S	E	E	T	I	P	O	T	I
Z	H	I	M	R	O	L	G	Q	E	S	K	U	F	M	T
P	H	F	T	T	G	Z	Y	T	B	N	N	I	Y	K	S

SATEENKAARI
ILMAINEN
SUMU
RAUHALLINEN
TAIVAS
ILMASTO
JÄÄN
TULVA
MONSUUNI
PILVI
HURRIKAANI
POLAR
KUIVA
KUIVUUS
LÄMPÖTILA
MYRSKY
UKKONEN
TORNADO
TROOPPINEN
TUULI

57 - Gouvernement

D	R	L	F	R	A	U	H	A	L	L	I	N	E	N	D
N	E	A	T	N	U	K	A	S	N	A	K	W	Q	P	E
B	T	W	Q	M	Z	H	E	D	M	U	E	S	R	L	M
W	T	G	V	H	D	S	H	S	U	A	P	A	V	Q	O
S	S	R	B	T	E	S	U	E	K	I	O	J	D	L	K
W	L	N	A	V	F	F	P	L	T	U	O	O	R	N	R
M	I	L	I	I	V	I	S	C	S	G	S	I	N	E	A
O	G	P	O	L	I	T	I	I	K	K	A	T	G	N	T
N	O	J	S	U	T	I	T	S	N	O	K	L	E	I	I
U	J	P	P	C	C	K	H	E	J	I	M	A	E	L	A
M	K	I	Q	D	P	A	N	W	O	D	O	V	W	L	U
E	M	I	N	E	A	L	T	H	H	D	G	P	E	A	A
N	V	R	T	U	K	M	Z	D	T	M	L	I	M	S	J
T	O	I	L	O	B	M	Y	S	A	F	I	F	I	N	C
T	T	A	S	A	A	R	V	O	J	J	M	D	N	A	U
I	N	S	U	U	S	I	A	L	A	S	N	A	K	K	Q

KANSALAISUUS
SIVIILI-
KONSTITUSJON
DEMOKRATIA
PUHE
KESKUSTELU
PIIRI
TASA-ARVO
VALTIO
RETTSLIG
OIKEUS
JOHTAJA
VAPAUS
LAKI
MONUMENTTI
KANSAKUNTA
KANSALLINEN
RAUHALLINEN
POLITIIKKA
SYMBOLI

58 - Randonnée

N	V	T	D	I	C	I	L	M	A	S	T	O	L	K	E
B	L	E	S	U	U	N	T	A	P	A	A	K	U	A	A
D	K	B	S	U	O	K	O	K	F	K	A	N	O	L	U
G	I	G	N	I	P	M	A	C	Q	S	P	I	N	L	P
J	V	P	P	K	V	E	V	D	N	A	P	R	T	I	Q
W	I	R	D	A	W	I	A	A	W	R	A	U	O	O	W
H	H	J	T	R	J	N	L	J	A	S	A	A	J	G	R
Z	K	R	N	T	S	R	R	L	C	R	S	Z	G	O	J
I	R	F	D	T	M	B	Y	F	I	K	A	K	C	O	I
W	L	R	F	A	E	L	Ä	I	M	E	T	T	E	G	E
W	Q	J	B	S	B	W	C	R	W	T	O	U	U	F	B
L	T	R	D	D	N	S	O	V	M	E	T	I	L	J	T
V	U	O	R	I	R	V	T	Y	N	Y	S	Ä	V	Q	U
S	Ä	Ä	Z	M	U	O	N	K	J	E	I	G	E	G	H
E	C	M	T	E	G	H	U	C	E	Z	U	G	H	M	Y
G	K	R	V	S	U	Q	W	H	Q	Q	P	C	K	J	D

ELÄIMET
SAAPPAAT
CAMPING
KARTTA
ILMASTO
VAARAT
VESI
KALLIO
VÄSYNYT
RASKAS
SÄÄ
VUORI
LUONTO
SUUNTA
PUISTOT
KIVI
VILLI
AURINKO
KOKOUS

59 - Nutrition

N	K	I	N	I	I	M	A	T	I	V	K	T	S	J	H
J	C	R	M	W	Y	V	R	P	O	U	A	K	Y	F	D
L	A	A	T	U	T	Q	E	C	Y	L	S	M	Ö	U	W
M	A	K	U	Y	O	W	K	H	K	S	T	R	T	K	P
L	D	I	M	A	U	S	T	E	E	T	I	T	Ä	L	A
N	E	S	T	E	E	T	A	Z	J	W	K	Z	V	D	J
L	R	W	S	W	Y	K	K	R	Y	M	E	F	Ä	U	O
T	U	N	R	E	T	A	R	D	Y	H	O	B	R	A	K
E	O	V	F	J	C	L	Y	K	Ä	Y	M	I	N	E	N
R	K	N	E	N	I	O	N	I	A	P	A	S	A	T	N
V	A	N	V	V	S	R	R	U	O	K	A	H	A	L	U
E	V	M	O	I	N	I	I	E	T	O	R	P	W	D	O
Y	A	U	Y	Y	R	B	K	F	E	N	U	C	J	O	I
S	L	M	K	D	L	W	K	N	R	I	F	B	J	J	P
K	I	T	K	K	K	B	Y	W	V	A	J	Z	Z	A	I
M	O	P	F	H	N	U	K	H	E	P	O	O	M	B	Q

KATKERA
RUOKAHALU
KALORI
SYÖTÄVÄ
RUOKAVALIO
MAUSTEET
TASAPAINOINEN
KÄYMINEN
KARBOHYDRATER
NESTEET
PAINO
PROTEIINI
LAATU
TERVE
TERVEYS
KASTIKE
MAKU
MYRKKY
VITAMIINI

60 - Créativité

S	D	U	J	F	A	T	I	O	I	S	I	V	A	S	W
Ä	Z	S	Y	E	K	L	E	S	Z	P	N	W	U	U	Z
I	N	T	U	I	T	I	O	A	D	O	T	I	B	T	O
L	G	H	S	T	Y	A	E	M	G	N	E	N	S	I	S
E	K	Q	I	N	I	E	N	I	B	T	N	K	U	V	A
S	Q	N	A	K	T	O	E	O	I	A	S	P	U	U	P
K	Z	E	M	O	S	T	N	V	B	A	I	L	V	K	V
E	G	B	L	H	U	A	I	N	M	N	T	I	E	I	W
K	J	P	I	O	A	S	L	I	I	I	E	O	S	L	V
A	I	T	O	U	S	J	L	L	T	V	E	I	K	E	Z
B	C	Z	H	F	R	N	E	E	W	U	T	M	O	I	N
T	V	A	I	K	U	T	E	L	M	A	T	H	U	M	T
D	U	Y	A	L	P	L	T	A	H	J	I	C	J	V	A
Y	O	N	I	D	F	W	I	I	D	E	O	I	T	A	I
A	V	S	N	H	H	Y	A	I	Z	T	F	D	W	N	T
P	Y	M	N	E	N	I	T	T	A	A	M	A	R	D	O

TAITEELLINEN
AITOUS
SELKEYS
TAITO
DRAMAATTINEN
ILMAISU
JUOKSEVUUS
IDEOITA
KUVA
MIELIKUVITUS
VAIKUTELMA
INNOITUS
INTENSITEETTI
INTUITIO
KEKSELIÄS
TUNNE
SPONTAANI
VISIOITA
ELINVOIMA

61 - Science Fiction

P	F	T	M	D	Q	B	D	H	I	E	A	S	H	Ä	F
L	S	U	I	O	Z	W	U	U	L	L	L	Y	G	Ä	A
A	M	K	T	R	V	Z	P	T	L	O	S	D	S	R	N
N	H	T	A	U	C	W	T	O	U	K	M	H	A	I	T
E	C	O	J	R	R	O	K	P	U	U	F	Ä	L	M	A
E	V	P	R	L	J	I	A	I	S	V	O	J	A	M	S
T	I	A	I	M	A	Y	S	A	I	A	I	Ä	P	Ä	T
T	Z	A	K	H	L	I	T	T	O	B	O	R	E	I	I
A	E	T	N	E	N	I	T	S	I	L	A	E	R	N	N
N	E	N	I	A	K	U	A	K	R	N	J	Y	Ä	E	E
Q	R	A	M	L	I	A	A	M	A	H	E	D	I	N	N
O	R	A	A	K	K	E	L	I	A	F	A	N	N	Q	L
O	Y	J	A	I	G	O	L	O	N	K	E	T	E	Y	V
Q	N	V	D	A	K	K	D	K	E	C	T	P	N	C	A
N	U	T	Y	V	N	R	I	S	K	A	L	A	G	C	T
K	U	T	P	A	I	P	O	T	S	Y	D	U	C	M	K

ELOKUVA
DYSTOPIA
RÄJÄHDYS
ÄÄRIMMÄINEN
FANTASTINEN
ANTAA POTKUT
FUTURISTINEN
GALAKSI
ILLUUSIO
KIRJAT
KAUKAINEN
MAAILMA
SALAPERÄINEN
ORAAKKELI
PLANEETTA
REALISTINEN
ROBOTTI
SKENAARIO
TEKNOLOGIA
UTOPIA

62 - Professions #1

M	V	T	Y	L	M	T	N	T	H	H	W	D	Y	J	W
U	A	A	Z	Ä	E	N	Y	I	B	O	O	M	J	E	A
U	L	I	I	Ä	T	K	G	E	Q	K	I	B	O	G	G
S	M	T	F	K	S	H	R	D	M	I	K	T	V	V	E
I	E	E	A	Ä	Ä	K	E	E	T	R	U	Z	A	E	O
K	N	I	R	R	S	V	D	M	Y	J	L	M	P	J	W
K	T	L	G	I	T	F	A	I	P	A	T	K	A	T	A
O	A	I	O	N	Ä	R	K	E	U	N	A	P	N	A	J
C	J	J	T	L	J	S	T	S	T	P	S	A	K	N	A
F	A	A	R	I	Ä	Z	Ø	W	K	I	E	L	K	S	J
V	I	S	A	G	E	D	R	B	I	T	P	O	I	S	A
P	S	Y	K	O	L	O	G	I	M	Ä	P	M	I	I	N
W	W	F	P	L	C	L	A	G	I	J	Ä	I	R	J	A
S	S	N	B	O	K	T	U	M	E	Ä	C	E	I	A	I
C	S	W	B	E	G	F	B	B	S	J	C	S	S	T	S
G	J	L	N	G	P	I	A	N	I	S	T	I	U	M	A

TAITEILIJA
ASIANAJAJA
PANKKIIRI
KULTASEPPÄ
KARTOGRAFI
METSÄSTÄJÄ
KIRJANPITÄJÄ
TANSSIJA
VALMENTAJA
REDAKTØR
GEOLOGI
HOITAJA
LÄÄKÄRI
MUUSIKKO
PIANISTI
PUTKIMIES
PALOMIES
PSYKOLOGI
TIEDEMIES

63 - Géologie

F	E	P	C	H	A	P	P	O	S	K	E	N	N	S	S
Y	L	Z	R	S	P	H	G	C	U	E	R	P	K	C	T
H	G	Y	Y	U	U	R	E	L	O	R	O	Z	W	C	A
P	A	V	S	P	G	Z	Y	D	L	R	O	W	L	I	L
I	L	C	T	N	C	T	S	E	A	O	S	B	O	R	A
E	R	U	A	U	N	D	I	V	U	S	I	K	Y	K	C
L	J	E	L	A	W	C	R	R	O	L	O	I	U	N	T
K	A	K	O	R	A	L	L	I	Z	L	U	G	D	P	I
N	I	V	I	S	K	U	O	B	F	J	C	O	R	F	T
F	U	J	A	I	U	C	K	A	O	N	A	A	L	Y	E
T	A	S	A	N	K	O	G	P	S	W	B	S	N	A	Z
B	K	A	L	S	I	U	M	U	S	S	Y	O	L	O	I
M	I	N	E	R	A	A	L	I	I	U	D	N	P	R	I
K	V	A	R	T	S	I	H	I	I	L	Q	A	I	G	O
L	I	B	I	E	F	A	S	S	L	A	I	A	S	I	S
O	K	V	Y	Ö	H	Y	K	E	I	V	D	M	B	L	L

HAPPO
KALSIUM
LUOLA
MAANOSA
KORALLI
KERROS
CRYSTAL
EROOSIO
SULA
FOSSIILI
GEYSIR
LAVA
MINERAALI
KIVI
TASANKO
KVARTSI
SUOLA
STALACTITE
VOLCANO
VYÖHYKE

64 - Jardin

A	H	E	D	E	L	M	Ä	T	A	R	H	A	D	T	P
K	U	U	P	E	W	F	I	R	I	D	S	L	B	E	C
S	K	T	M	F	H	D	H	W	E	R	V	P	T	R	K
F	T	A	O	T	T	A	M	U	P	P	I	I	R	A	F
M	E	N	B	T	G	K	Y	U	I	Z	H	B	E	S	S
N	L	O	I	P	A	L	D	B	E	V	O	A	O	S	R
M	O	M	P	R	U	L	F	A	J	I	Z	E	P	I	P
R	A	K	E	U	A	S	L	T	C	L	K	F	E	T	U
J	F	V	D	O	D	O	K	I	Z	S	J	C	B	S	U
S	L	J	D	H	Q	D	Y	A	I	T	D	A	O	I	T
Z	B	T	Q	O	A	R	N	C	K	L	K	W	L	U	A
Q	U	A	D	G	Y	I	M	U	K	K	R	S	A	K	R
T	R	A	M	P	O	L	I	I	N	I	U	O	M	S	H
U	G	R	E	S	S	P	S	S	E	C	S	K	P	Z	A
G	I	A	F	W	D	Ä	R	E	P	A	A	M	I	Y	B
F	E	G	U	Y	E	L	L	N	U	R	M	I	K	K	O

PUU
PENKKI
PUSKA
AITA
LAMPI
KUKKA
AUTOTALLI
RIIPPUMATTO
RUOHO
PUUTARHA
UGRESS
LAPIO
NURMIKKO
KUISTI
RAKE
MAAPERÄ
TERASSI
TRAMPOLIINI
LETKU
HEDELMÄTARHA

65 - Santé et Bien Être #1

G	Z	L	A	C	Q	I	K	K	E	E	T	P	A	G	R
W	P	Ä	V	N	Y	S	U	E	K	R	O	K	M	Q	E
F	L	Ä	Z	F	Ä	K	L	Ä	N	N	T	E	M	L	N
W	H	K	Q	O	H	E	W	T	I	C	I	C	A	Ä	T
M	N	Ä	B	U	G	L	I	Y	B	K	O	S	V	Ä	O
N	S	R	C	A	A	F	U	L	E	H	H	S	T	K	U
T	L	I	J	S	Z	E	K	U	E	A	U	C	O	E	T
C	P	C	J	T	I	R	E	E	T	K	A	B	T	O	U
T	Y	M	G	V	I	R	U	S	K	K	O	U	T	D	M
Z	E	L	I	H	A	K	S	E	T	I	M	E	U	H	I
I	C	R	M	U	R	T	U	M	A	N	K	K	M	D	N
T	H	J	A	I	S	G	S	C	H	I	C	U	U	J	E
H	C	O	W	P	V	E	S	I	C	L	P	R	S	L	N
Y	O	N	E	N	I	V	I	I	T	K	A	J	N	G	O
R	F	M	R	E	J	A	H	Q	O	J	E	N	B	W	P
F	O	J	D	S	F	Y	C	R	L	G	E	W	W	B	H

AKTIIVINEN
BAKTEERIT
VAMMA
KLINIKKA
NÄLKÄ
MURTUMA
TOTTUMUS
KORKEUS
LÄÄKÄRI
LÄÄKE
LIHAKSET
LUUT
IHO
APTEEKKI
RYHTI
RENTOUTUMINEN
REFLEKSI
TERAPIA
HOITO
VIRUS

66 - Barbecues

P	K	M	P	G	K	W	V	I	H	A	N	N	E	S	P
Q	A	U	J	E	P	H	H	A	R	K	Q	Q	K	K	E
G	S	S	R	U	R	G	A	A	M	U	U	K	D	T	L
R	T	I	U	V	O	H	O	N	E	B	P	E	M	H	I
I	I	I	O	R	T	Y	E	A	D	H	E	P	F	F	T
L	K	K	H	H	S	O	T	K	T	E	S	T	I	E	V
L	E	K	N	M	T	A	J	Y	E	D	K	J	Q	P	K
I	W	I	N	L	H	J	P	J	S	E	L	O	J	V	E
L	O	U	N	A	S	T	T	M	P	L	N	W	W	P	S
S	A	L	A	A	T	I	T	H	A	M	Q	Ä	I	U	Ä
F	L	Y	S	N	W	T	L	G	L	Ä	W	O	L	N	W
Y	O	D	I	L	L	A	L	L	I	N	E	N	U	K	F
O	U	V	F	I	O	A	L	V	W	I	L	H	P	L	Ä
T	S	T	A	O	Z	M	N	D	B	T	P	K	I	T	H
I	V	K	F	K	M	O	M	D	N	O	E	I	S	A	L
K	I	Z	U	W	V	T	K	S	P	Y	Q	C	D	Q	Q

KUUMA
VEITSET
LOUNAS
ILLALLINEN
LAPSET
KESÄ
NÄLKÄ
PERHE
HEDELMÄ
GRILLI
PELIT
VIHANNES
MUSIIKKI
SIPULI
PIPPURI
KANA
SALAATIT
KASTIKE
SUOLA
TOMAATIT

67 - Ferme #1

V	M	H	A	B	S	K	M	Z	B	Q	A	A	O	Z	P
E	A	U	S	A	W	F	E	E	K	I	S	I	I	R	M
S	A	N	S	Q	S	G	T	N	L	W	I	V	R	A	P
I	T	A	I	Y	I	I	I	E	T	M	B	S	Z	H	F
J	A	J	K	C	R	S	O	N	G	T	O	C	O	R	G
H	L	A	W	B	A	M	N	O	S	F	Ä	J	D	N	B
I	O	M	A	G	V	A	N	V	K	O	I	R	A	R	L
E	U	F	Y	V	U	U	A	E	V	T	U	R	I	M	E
W	S	Y	Y	J	O	V	L	H	V	D	R	K	F	F	H
V	D	O	W	G	M	E	H	I	L	Ä	I	N	E	N	M
U	H	B	R	R	H	F	I	V	A	S	I	K	K	A	Ä
O	S	G	D	F	Y	N	Z	M	Y	R	Y	W	O	I	A
H	C	I	D	J	R	T	O	Q	H	E	I	N	Ä	Z	I
I	D	S	Y	M	K	J	T	U	R	M	K	A	N	A	T
L	M	V	P	H	F	L	S	A	M	G	O	M	Z	C	A
K	H	D	U	N	F	T	L	E	T	P	T	T	S	C	H

MEHILÄINEN
MAATALOUS
AASI
BIISON
KENTTÄ
KISSA
HEVONEN
VUOHI
KOIRA
AITA
VARIS
VESI
LANNOITE
HEINÄ
HUNAJA
KANA
RIISI
PARVI
LEHMÄ
VASIKKA

68 - Antarctique

R	S	A	A	R	E	T	S	W	L	Q	L	F	F	T	G
Y	M	P	Ä	R	I	S	T	Ö	A	O	T	I	W	Y	Z
U	M	B	L	E	G	C	S	I	H	S	O	L	N	A	I
T	G	T	H	Y	O	D	A	A	T	Ä	P	A	E	T	R
L	Ä	M	P	Ö	T	I	L	A	I	I	O	A	N	N	U
M	E	D	E	I	T	N	A	A	M	L	G	R	I	U	P
T	A	D	G	F	U	Y	V	M	P	Y	R	E	V	K	O
S	U	A	Y	N	U	K	J	I	U	T	A	N	I	I	L
H	V	T	N	I	M	C	P	M	R	T	F	I	K	K	S
C	T	K	K	O	T	E	R	E	A	Ä	I	M	Z	T	G
M	I	F	J	I	S	E	V	I	D	M	A	A	K	E	O
W	F	D	O	Y	J	A	M	N	Z	I	A	R	E	R	H
S	S	E	E	B	W	A	O	Ä	Y	N	W	F	P	J	J
U	K	O	C	O	B	F	R	Ä	R	E	E	R	B	S	I
M	T	G	V	Y	V	S	J	J	V	N	B	W	T	S	K
T	I	E	T	E	E	L	L	I	N	E	N	B	Y	H	T

LAHTI
VALAS
TUTKIJA
SÄILYTTÄMINEN
MAANOSA
VESI
YMPÄRISTÖ
RETKIKUNTA
MAANTIEDE
JÄÄN
ISBREER
SAARET
MUUTTO
MINERAALI
LINTU
NIEMIMAA
KIVINEN
TIETEELLINEN
LÄMPÖTILA
TOPOGRAFIA

69 - Professions #2

P	K	T	T	U	T	K	I	J	A	J	C	W	O	L	F
K	T	A	K	U	H	G	O	L	W	H	P	O	S	E	I
U	K	I	T	T	O	L	I	P	Ä	V	I	S	T	E	L
S	E	D	J	S	U	R	L	E	B	Ä	T	G	Y	O	O
T	K	E	N	B	Z	H	B	Y	A	R	K	A	M	S	S
A	S	M	I	N	S	I	N	Ö	Ö	R	I	Ä	S	Y	O
N	I	A	K	U	V	I	T	T	A	J	A	M	R	I	F
T	J	A	J	A	T	T	E	P	O	Q	H	G	H	I	I
A	Ä	L	H	A	M	M	A	S	L	Ä	Ä	K	Ä	R	I
J	N	A	V	A	L	O	K	U	V	A	A	J	A	K	C
A	H	R	A	S	T	R	O	N	A	U	T	T	I	I	B
B	O	I	R	U	H	R	A	T	U	U	P	H	Z	R	P
V	I	L	J	E	L	I	J	Ä	F	M	O	A	G	U	P
T	O	I	M	I	T	T	A	J	A	R	Z	E	E	R	M
Q	I	L	P	R	O	F	E	S	S	O	R	I	G	G	P
G	B	I	O	L	O	G	I	Q	Z	G	R	E	M	I	Y

VILJELIJÄ
ASTRONAUTTI
BIOLOGI
TUTKIJA
KIRURGI
HAMMASLÄÄKÄRI
ETSIVÄ
OPETTAJA
KUSTANTAJA
KUVITTAJA
INSINÖÖRI
KEKSIJÄ
PUUTARHURI
TOIMITTAJA
LÄÄKÄRI
TAIDEMAALARI
FILOSOFI
VALOKUVAAJA
PILOTTI
PROFESSORI

70 - Les Abeilles

K	V	R	P	T	U	N	H	Z	T	G	Y	F	R	K	R
A	A	H	R	A	T	U	U	P	E	D	J	J	I	U	U
U	K	S	I	M	E	E	T	S	Y	S	O	K	E	N	O
R	K	I	V	K	D	L	J	M	A	C	C	A	N	I	K
I	U	H	C	I	P	A	R	V	I	V	N	Y	U	N	A
N	K	I	P	Y	T	A	K	U	K	T	U	B	F	G	E
K	I	N	E	N	I	L	L	Y	D	Ö	Y	H	T	A	I
O	K	I	S	P	O	L	L	I	N	A	T	O	R	T	V
A	U	I	Ä	S	I	I	T	E	P	Ö	L	Y	I	A	C
Y	C	F	M	H	Y	Ö	N	T	E	I	N	E	N	R	O
P	Z	A	L	H	U	O	W	L	N	B	K	S	W	R	A
B	M	R	E	Q	N	B	E	W	O	R	Q	I	I	C	K
O	U	A	D	V	M	H	U	N	A	J	A	I	Q	S	W
U	W	P	E	C	O	T	U	O	A	H	U	V	D	I	H
N	D	O	H	H	Z	V	C	G	Q	J	W	E	L	K	Y
Z	W	H	H	K	E	S	L	J	Z	W	N	T	M	G	Y

SIIVET
HYÖDYLLINEN
PARAFIINI
PARVI
EKOSYSTEEMI
KUKKA
KUKAT
HEDELMÄ
SAVU
HYÖNTEINEN
PUUTARHA
HUNAJA
RUOKA
KASVIT
SIITEPÖLY
POLLINATOR
KUNINGATAR
PESÄ
AURINKO

71 - Santé et Bien Être #2

L	C	F	N	B	Q	J	N	V	Y	M	A	G	V	B	Y
I	C	C	W	S	T	R	E	S	S	I	L	E	R	Y	N
K	E	H	O	U	B	N	N	U	I	R	L	N	P	A	B
T	A	O	A	M	U	C	I	A	N	O	E	E	D	U	K
W	N	Z	E	E	Q	Q	M	V	F	L	R	T	T	B	E
U	A	S	H	S	E	A	Y	U	E	A	G	I	Y	Y	I
B	T	D	V	T	A	Y	P	K	K	K	I	I	C	S	N
B	O	K	Q	I	U	K	L	B	T	Z	A	K	U	U	I
P	M	J	R	V	E	Z	E	E	I	B	N	K	J	A	I
A	I	C	W	A	E	Z	B	N	O	H	U	A	B	R	M
I	A	S	P	R	G	E	J	H	Y	G	I	E	N	I	A
N	D	V	W	M	M	V	R	E	N	E	R	G	I	A	T
O	R	U	O	K	A	H	A	L	U	K	E	U	C	S	I
Z	F	D	O	C	S	T	E	R	V	E	V	F	Z	V	V
W	V	L	F	F	R	U	D	K	F	F	R	S	N	Q	D
H	I	E	R	O	N	T	A	L	A	A	R	I	A	S	W

ALLERGIA
ANATOMIA
RUOKAHALU
KALORI
KEHO
KUVAUS
ENERGIA
GENETIIKKA
SAIRAALA
HYGIENIA

INFEKTIO
SAIRAUS
HIERONTA
RAVITSEMUS
PAINO
ELPYMINEN
TERVE
VERI
STRESSI
VITAMIINI

72 - Conduite

J	Z	Q	K	T	U	R	V	A	L	L	I	S	U	U	S
E	O	P	A	U	S	J	C	O	K	A	I	U	T	Q	K
V	U	J	R	R	A	B	V	N	O	U	V	E	U	Y	U
D	W	G	T	R	A	M	A	N	G	V	K	P	N	M	L
U	D	S	T	A	K	L	A	E	M	U	J	O	N	O	J
L	W	W	A	J	U	L	R	T	H	Q	A	N	E	O	E
I	S	I	I	L	O	P	A	T	L	A	L	O	L	T	T
S	R	H	I	L	L	A	T	O	T	U	A	E	I	T	U
E	Z	O	L	W	T	R	K	M	W	U	N	E	K	O	S
N	C	F	T	I	P	N	M	U	C	Y	K	S	R	R	B
S	G	B	C	T	I	I	L	U	M	O	U	Z	T	I	A
S	B	R	P	U	O	K	I	S	T	K	L	I	J	P	M
I	Y	I	I	N	J	O	E	B	H	D	K	R	G	Y	W
E	I	E	D	J	U	T	M	N	J	R	I	P	P	Ö	O
L	A	L	B	S	H	U	O	I	N	J	J	U	H	R	G
P	O	L	T	T	O	A	I	N	E	E	A	I	A	Ä	Y

ONNETTOMUUS
KUKA
POLTTOAINE
KARTTA
VAARA
JARRUT
AUTOTALLI
KAASU
LISENSSI
MOOTTORI
MOOTTORIPYÖRÄ
JALANKULKIJA
POLIISI
TIE
TURVALLISUUS
LIIKENNE
KULJETUS
TUNNELI
NOPEUS
AUTO

73 - Plantes

P	S	V	W	W	K	A	P	U	U	Z	B	N	D	Z	P
M	P	N	U	F	A	G	Z	W	Q	K	G	Y	C	E	P
U	O	P	R	W	I	H	M	D	D	F	A	J	R	A	M
R	S	U	U	S	I	L	L	I	V	S	A	K	E	L	M
A	L	G	J	S	R	G	H	H	N	G	U	S	T	P	N
T	A	E	D	E	I	T	I	V	S	A	K	F	Y	U	G
T	M	T	H	A	F	H	R	S	O	N	U	P	B	P	S
I	M	I	P	T	C	H	U	A	N	L	R	F	A	A	T
E	A	O	U	U	I	A	U	L	O	E	J	K	M	P	E
U	S	N	D	M	U	E	J	Y	H	W	H	W	B	J	R
R	K	N	V	Q	D	T	N	T	O	N	A	C	U	A	Ä
H	E	A	V	L	Z	F	A	M	H	W	P	C	O	U	L
W	K	L	R	O	B	W	V	R	Q	K	U	U	H	D	E
K	A	S	V	I	S	T	O	K	H	Y	S	N	O	W	H
F	H	U	M	E	M	E	T	S	Ä	A	K	K	U	K	T
J	M	U	K	A	S	V	A	A	Y	N	A	C	R	S	I

PUU
MARJA
BAMBU
KASVITIEDE
PUSKA
KAKTUS
LANNOITE
LEHTIEN
KUKKA
KASVISTO
METSÄ
KASVAA
PAPU
RUOHO
PUUTARHA
MURATTI
SAMMAL
TERÄLEHTI
JUURI
KASVILLISUUS

74 - Ferme #2

D	Z	Y	L	H	N	V	M	D	V	Z	P	E	C	D	M
O	B	S	A	A	E	P	W	F	O	R	Y	K	Y	Q	E
F	Z	B	A	L	N	D	E	L	Ä	I	M	E	T	A	H
G	J	S	M	D	A	K	E	R	E	Q	K	V	T	U	I
W	Y	U	A	E	R	T	K	L	J	G	A	I	I	Y	L
H	N	Y	Y	E	H	C	O	A	M	K	S	H	I	M	Ä
N	R	N	I	O	O	S	T	D	G	Ä	T	A	N	U	I
K	S	M	T	D	H	B	I	P	I	J	E	N	E	M	S
I	S	S	I	A	M	U	A	L	P	I	L	N	M	K	P
R	U	O	K	A	S	A	M	M	A	L	U	E	I	K	E
O	A	M	Q	D	B	M	N	G	Q	E	Q	S	A	A	S
T	D	K	C	P	P	Z	I	A	K	J	T	T	P	R	Ä
K	G	N	H	Z	V	Z	K	P	I	L	B	S	J	I	N
A	I	W	Q	I	B	W	A	E	O	I	L	N	P	T	H
R	K	K	R	T	A	O	K	A	P	V	G	Z	W	S	E
T	H	E	D	E	L	M	Ä	T	A	R	H	A	G	A	V

KARITSA
VILJELIJÄ
ELÄIMET
PAIMEN
VEHNÄ
ANKKA
HEDELMÄ
LATO
KASTELU
MAITO
LAAMA
VIHANNES
MAISSI
LAMMAS
RUOKA
OHRA
NIITTY
MEHILÄISPESÄ
TRAKTORI
HEDELMÄTARHA

75 - Vacances #2

U	F	P	Y	M	M	U	E	E	T	W	M	K	I	F	A
L	N	H	O	I	I	A	L	I	B	E	A	A	M	O	L
K	Q	M	N	F	C	Z	L	L	C	U	T	R	U	L	O
O	O	E	W	C	S	N	M	L	P	G	K	T	S	U	T
M	V	A	R	A	U	K	S	E	T	A	A	T	I	F	N
A	H	T	V	T	K	O	K	T	H	C	S	A	I	T	I
A	D	T	A	N	U	P	I	O	D	E	K	S	V	H	V
L	D	L	U	A	L	T	Q	H	R	I	H	I	I	A	A
A	J	E	Z	R	J	A	A	K	O	H	D	E	R	V	R
I	O	T	M	F	E	Q	V	K	V	A	P	A	A	N	Z
N	W	I	Z	Q	T	D	S	I	S	Y	O	P	A	J	E
E	L	W	B	F	U	J	A	P	F	I	W	B	S	R	V
N	T	R	D	C	S	Q	A	J	P	R	A	G	K	T	J
K	O	U	L	U	T	T	A	A	R	E	U	N	V	C	E
B	F	Y	C	W	E	A	P	L	H	M	H	W	M	H	K
W	P	B	C	A	M	P	I	N	G	F	D	F	R	S	N

LUFTHAVN
CAMPING
KARTTA
KOHDE
ULKOMAALAINEN
HOTELLI
SAARI
VAPAA
MERI
PASSI
RANTA
RAVINTOLA
VARAUKSET
TAKSI
TELTTA
KOULUTTAA
KULJETUS
LOMA
VIISUMI
MATKA

76 - Temps

M	N	D	E	H	R	W	V	T	E	K	F	Q	S	N	T
P	D	W	N	Z	B	D	U	Ä	T	N	E	O	L	E	U
H	V	P	I	A	N	B	O	N	O	R	N	L	T	T	N
J	B	B	T	J	E	F	S	Ä	J	K	V	E	L	Y	N
Y	Q	T	U	K	Ä	Q	I	Ä	U	I	U	F	N	O	I
K	V	I	L	G	V	L	O	N	G	T	O	Z	A	D	N
U	L	R	E	S	I	Q	K	Y	V	T	S	A	H	E	U
U	T	Z	V	B	Ä	I	K	E	D	U	I	K	J	I	Z
K	I	F	A	N	P	I	I	D	E	U	K	T	H	L	U
A	F	J	I	Q	I	H	I	Y	M	N	Y	M	F	E	I
U	N	P	S	A	K	Z	V	F	M	I	M	Z	V	N	P
S	T	K	U	A	S	T	R	N	V	M	M	I	M	N	Ä
I	A	E	U	M	E	C	I	T	H	J	E	E	Ö	Y	I
J	K	Z	S	U	K	H	A	Q	Z	J	N	B	Q	T	V
Q	S	I	Q	I	K	A	L	E	N	T	E	R	I	W	Ä
W	Y	I	K	T	N	E	V	U	O	S	I	S	A	T	A

VUOSI
JÄLKEEN
TÄNÄÄN
ENNEN
PIAN
KALENTERI
VUOSIKYMMEN
TULEVAISUUS
TUNNIN
EILEN

KELLO
PÄIVÄ
NYT
AAMU
KESKIPÄIVÄ
MINUUTTI
KUUKAUSI
YÖ
VIIKKO
VUOSISATA

77 - Immigration

R	A	P	G	U	Y	R	C	P	N	M	A	A	S	S	Z
I	A	I	R	E	E	S	P	U	E	Q	S	S	U	O	P
N	F	J	K	I	Q	H	M	R	U	P	I	U	O	U	C
C	D	Y	A	U	I	J	I	H	V	F	A	M	J	B	L
R	N	F	W	S	I	Q	S	D	O	V	K	I	E	K	I
U	A	S	C	W	L	S	S	S	T	I	I	N	L	H	P
Y	W	H	J	A	E	T	E	K	T	E	R	E	U	T	T
Y	K	E	O	Y	I	L	S	T	E	S	J	N	A	C	Z
I	A	G	K	I	K	J	O	V	L	T	A	L	A	K	I
A	J	C	M	C	T	C	R	O	U	I	J	D	K	P	Y
I	A	K	E	W	F	U	P	L	D	N	N	N	B	A	N
S	R	T	B	J	I	S	S	E	R	T	S	K	H	M	L
M	A	H	A	L	L	I	N	T	O	Ä	B	F	R	H	D
W	K	D	P	N	P	G	O	D	L	A	P	S	E	T	U
A	A	H	Y	V	Ä	K	S	Y	N	T	Ä	F	G	I	V
U	T	I	L	A	N	N	E	R	A	T	K	A	I	S	U

HALLINTO
AIKUISET
HYVÄKSYNTÄ
VIESTINTÄ
TAKARAJA
ASIAKIRJA
LAPSET
RAHOITUS
RAJA
KIELI
ASUMINEN
LAKI
NEUVOTTELU
UPSEERI
PROSESSI
SUOJELU
TILANNE
RATKAISU
STRESSI

78 - Maison

N	Ø	K	L	E	R	N	U	P	P	M	A	L	V	W	K
V	J	H	T	Q	R	J	L	L	I	H	C	V	E	T	E
K	E	L	L	A	R	I	U	I	L	O	A	O	R	K	I
S	B	A	N	H	J	L	U	K	O	A	H	F	H	J	T
E	T	H	U	D	C	I	T	K	O	K	K	W	O	S	T
I	V	P	U	T	K	E	A	U	R	K	L	K	T	U	I
N	K	Y	J	O	O	P	T	N	N	A	Z	I	O	I	Ö
Ä	H	J	S	T	N	T	I	A	Q	T	Z	H	T	H	M
Y	H	F	A	S	Q	E	A	N	G	Z	J	T	T	K	F
Q	A	N	B	A	N	N	W	L	M	S	V	J	A	U	G
S	L	P	S	J	A	N	I	J	L	Q	K	U	M	L	K
M	C	G	N	R	M	H	S	Y	O	I	N	H	W	J	Y
K	T	D	M	I	H	J	P	P	U	V	H	U	M	Y	D
N	J	U	U	K	L	K	T	Z	U	O	T	T	A	K	W
K	F	P	H	R	K	U	U	P	U	U	T	A	R	H	A
G	V	D	F	A	C	W	D	O	F	H	H	L	Q	Q	B

LUUTA
KIRJASTO
HUONE
TAKKA
NØKLER
AITA
KEITTIÖ
SUIHKU
IKKUNA
AUTOTALLI
ULLAKKO
PUUTARHA
LAMPPU
PEILI
SEINÄ
OVI
VERHOT
KELLARI
MATTO
KATTO

79 - Légumes

S	G	M	W	E	J	A	J	L	I	S	R	E	P	S	H
V	I	V	U	F	A	N	R	Z	V	C	W	G	O	I	E
A	L	P	O	N	E	A	T	T	I	I	W	H	V	E	R
L	A	R	U	I	A	K	F	K	I	U	S	R	E	N	N
K	A	E	K	L	C	K	H	P	L	S	K	U	E	I	E
O	K	T	U	U	I	R	O	Z	O	U	O	Q	A	T	N
S	A	I	R	P	T	O	L	I	M	F	I	K	Q	T	A
I	S	I	P	I	O	P	H	Q	S	H	N	M	K	A	U
P	R	S	I	S	M	I	L	K	C	O	K	B	Y	A	R
U	A	I	T	I	A	Z	V	U	B	R	I	I	E	N	I
L	P	S	S	T	A	D	E	R	Q	R	V	C	N	I	S
I	Z	S	A	T	T	U	V	K	E	E	Ä	I	N	P	R
Q	I	Y	J	O	T	F	D	K	V	E	Ä	J	M	R	W
E	Z	J	W	L	I	F	A	U	E	V	R	M	N	G	Y
R	I	I	S	A	L	A	A	T	T	I	I	V	L	N	F
Y	V	R	V	S	H	S	E	L	L	E	R	I	B	A	U

VALKOSIPULI
ARTISOKKA
MUNAKOISO
PARSAKAALI
PORKKANA
SELLERI
SIENI
KURPITSA
KURKKU
SALOTTISIPULI
PINAATTI
INKIVÄÄRI
NAURIS
SIPULI
OLIIVI
PERSILJA
HERNE
RETIISI
SALAATTI
TOMAATTI

80 - Famille

Ä	I	D	I	N	N	L	U	Q	L	F	W	Ä	S	I	L
B	R	C	F	B	A	T	S	V	H	A	H	S	O	T	A
R	S	T	L	T	Ä	T	I	E	P	S	E	I	M	I	P
L	A	P	S	E	T	D	H	I	L	E	V	O	I	Ä	S
L	K	F	T	Y	M	Y	U	V	R	T	N	S	A	J	U
F	I	Y	M	L	R	R	S	L	N	Ä	S	I	V	U	U
N	O	P	F	A	Ä	N	Y	I	S	N	T	L	R	S	S
T	P	U	U	S	T	L	M	S	S	U	G	Y	I	A	Z
C	N	W	I	P	Y	S	S	P	N	K	P	T	T	N	Y
B	E	I	B	I	T	W	F	A	P	K	O	L	I	I	O
I	J	K	E	C	N	U	Y	L	T	R	J	U	Ä	C	H
K	L	G	S	P	E	H	I	Q	C	E	T	E	O	S	Q
J	E	H	R	A	J	S	Y	D	P	S	L	A	S	N	B
J	V	V	F	Y	L	J	M	E	E	Z	T	E	I	D	C
B	C	Y	P	P	E	I	H	L	E	S	L	M	R	V	M
J	Q	I	M	N	V	D	R	N	P	P	E	J	Q	M	O

STAMFAR
SERKKU
LAPSUUS
LAPSI
LAPSET
VAIMO
TYTÄR
VELI
ISOÄITI
ISOISÄ
MIES
ÄIDIN
ÄITI
VELJENPOIKA
VELJENTYTÄR
SETÄ
ISÄN
ISÄ
SISKO
TÄTI

81 - Oiseaux

P	K	T	J	Z	C	Z	N	K	F	W	A	J	U	P	S
I	N	A	A	K	I	L	E	P	C	L	O	K	M	B	E
N	E	S	T	U	O	J	S	R	D	Q	U	F	U	S	H
G	I	U	K	S	W	P	J	Y	V	P	L	E	I	H	K
V	L	Y	C	A	T	V	A	R	I	S	M	T	J	V	O
I	P	F	J	R	N	R	K	O	T	K	A	N	U	M	G
I	A	E	S	A	E	A	U	V	A	R	P	U	N	E	N
N	P	W	R	K	N	K	R	T	K	Ä	K	I	N	P	I
I	U	P	K	I	Y	B	C	I	S	P	I	K	A	H	M
A	K	K	N	A	K	Q	H	S	F	I	O	K	B	B	A
D	A	Y	B	H	H	N	J	A	O	U	D	O	V	B	L
B	I	O	F	C	Y	H	A	N	H	I	G	L	N	K	F
G	J	E	P	G	Y	T	P	A	T	G	K	L	O	V	R
L	A	R	I	I	K	I	N	K	U	K	K	O	M	K	P
E	O	O	T	O	U	K	A	A	N	I	N	Y	J	N	C
S	I	S	F	U	Q	A	V	J	O	C	U	C	A	D	B

KOTKA
STRUTSI
ANKKA
KANARIFUGL
HAIKARA
VARIS
KÄKI
JOUTSEN
FLAMINGO
PINGVIINI
VARPUNEN
LOKKI
MUNA
HANHI
RIIKINKUKKO
PAPUKAIJA
PELIKAANI
KYYHKYNEN
KANA
TOUKAANIN

82 - Disciplines Scientifiques

N	K	V	K	L	W	G	A	S	O	N	Q	K	P	T	R
B	D	E	A	I	S	Y	W	A	K	E	O	A	E	Ä	O
N	J	W	M	N	N	D	A	W	N	U	M	S	P	H	B
F	F	H	A	I	O	Q	M	W	E	R	B	V	S	T	O
G	F	M	P	I	A	E	O	N	T	O	I	I	Y	I	T
U	H	G	Z	C	M	D	O	T	W	L	O	T	K	T	I
A	I	G	O	L	O	E	K	R	A	O	L	I	O	I	I
B	G	V	U	D	M	I	K	R	P	G	O	E	L	E	K
M	F	M	W	Z	L	T	T	O	S	I	G	D	O	D	K
L	T	F	T	C	C	I	J	F	I	A	I	E	G	E	A
B	N	L	O	J	T	L	Z	I	F	B	A	J	I	Z	D
R	S	N	C	J	V	E	T	V	W	A	M	O	A	U	F
A	N	A	T	O	M	I	A	I	G	O	L	O	K	E	G
A	A	Q	Y	V	R	K	G	E	O	L	O	G	I	A	Y
M	I	N	E	R	A	L	O	G	I	A	F	L	L	E	R
M	E	K	A	N	I	I	K	K	A	I	Z	O	I	T	H

ANATOMIA
ARKEOLOGIA
TÄHTITIEDE
BIOKEMIA
BIOLOGIA
KASVITIEDE
KEMIA
EKOLOGIA
GEOLOGIA
KIELITIEDE
MEKANIIKKA
MINERALOGIA
NEUROLOGIA
PSYKOLOGIA
ROBOTIIKKA

83 - Maladie

F	T	N	O	H	E	K	Z	P	G	S	L	P	O	T	H
J	U	E	R	E	O	K	O	P	T	A	U	E	S	E	W
G	L	U	S	N	T	H	V	Q	Q	Y	M	R	Y	R	M
J	E	R	A	G	V	H	W	V	G	R	B	I	N	A	R
N	H	O	Z	I	A	L	N	Q	S	Z	A	N	D	P	T
J	D	P	G	T	G	K	L	U	U	T	L	N	R	I	R
V	U	A	Q	Y	J	R	U	G	D	D	E	Ö	O	A	T
A	S	T	N	S	R	P	E	U	N	A	O	L	O	J	W
T	L	I	N	H	L	T	Z	L	T	W	K	L	M	D	W
S	L	A	I	M	H	B	K	Q	L	T	K	I	A	T	M
A	K	R	O	O	N	I	N	E	N	A	I	N	U	E	H
H	Y	V	I	N	V	O	I	N	T	I	E	E	U	R	V
D	C	V	D	K	E	U	H	K	O	Z	H	N	W	V	P
I	M	M	U	N	I	T	E	E	T	T	I	Z	M	E	P
T	A	R	T	T	U	V	A	W	T	U	U	F	J	Y	G
T	W	K	D	O	S	Y	D	Ä	N	C	A	U	O	S	C

VATSA
AKUUTTI
ALLERGIA
HYVINVOINTI
KROONINEN
TARTTUVA
KEHO
SYDÄN
HEIKKO
PERINNÖLLINEN

IMMUNITEETTI
TULEHDUS
LUMBALE
NEUROPATIA
LUUT
KEUHKO
HENGITYS
TERVEYS
SYNDROOMA
TERAPIA

84 - Émotions

R	A	U	U	R	L	F	G	P	S	J	S	U	S	M	T
B	A	W	J	D	A	S	I	K	Y	H	I	V	U	Y	Y
U	T	U	M	Z	L	U	H	R	Y	H	S	G	U	Ö	Y
H	N	P	H	H	P	A	H	S	S	Y	Ä	D	T	T	T
R	E	L	T	A	C	K	U	A	I	R	L	H	U	Ä	Y
A	N	L	G	A	I	K	I	L	L	W	T	D	T	T	V
U	I	W	P	V	L	A	N	P	L	L	Ö	F	T	U	Ä
H	L	R	G	O	C	R	A	I	Ä	W	I	H	A	N	I
A	L	Q	N	L	T	W	A	V	V	T	U	N	A	T	N
L	O	L	O	I	O	U	S	A	Ä	P	Y	F	E	O	E
L	T	R	E	N	T	O	S	Y	T	Ä	L	L	Y	N	N
I	I	P	E	L	K	O	I	D	S	Y	Y	L	L	E	H
S	I	A	J	C	F	O	O	B	Y	Q	D	D	D	F	Y
U	K	G	R	I	K	V	N	R	I	U	H	P	Y	J	N
U	R	S	S	J	S	U	N	B	B	S	U	L	O	E	T
S	M	Y	A	E	N	Y	I	P	C	I	Q	Y	Y	F	U

RAKKAUS
RAUHALLINEN
SUUTUTTAA
SISÄLTÖ
RENTO
INNOISSAAN
YSTÄVÄLLISYYS
ILO
RAUHA
PELKO
KIITOLLINEN
HELPOTUS
TYYTYVÄINEN
YLLÄTYS
MYÖTÄTUNTO
HELLYYS
RAUHALLISUUS

85 - Univers

T	U	H	O	P	U	N	K	B	L	Q	F	K	L	H	L
M	Q	C	J	Ä	H	U	W	Q	W	W	Y	E	Y	Q	E
J	A	L	Y	I	S	K	A	L	A	G	H	U	N	I	V
T	Q	D	E	V	I	A	U	R	I	N	K	O	S	L	E
Ä	V	Y	K	Ä	N	W	J	T	H	K	U	U	D	M	Y
H	K	N	E	N	I	L	L	A	A	V	I	A	T	A	S
T	A	L	H	S	N	E	N	I	M	S	O	K	A	I	A
I	U	W	O	E	L	U	K	V	L	A	H	E	S	N	S
T	K	W	R	I	L	D	M	A	V	C	S	Y	T	E	T
I	O	P	I	S	O	H	Y	S	K	A	V	K	E	N	E
E	P	I	S	A	A	T	S	I	L	L	A	K	R	Z	G
D	U	M	O	U	K	I	D	Q	R	M	A	F	O	B	M
E	T	E	N	S	Y	O	P	N	G	B	T	D	I	E	M
I	K	Y	T	Z	O	D	I	A	K	K	I	I	D	R	M
Z	I	S	T	M	G	T	O	Z	T	S	Q	G	I	K	V
N	R	R	I	P	I	T	U	U	S	A	S	T	E	E	V

ASTEROIDI
TÄHTITIEDE
ILMAINEN
TAIVAALLINEN
TAIVAS
KOSMINEN
GALAKSI
HALVKULE
HORISONTTI
KALLISTAA
LEVEYSASTE
PITUUSASTE
KUU
PIMEYS
AURINKO
PÄIVÄNSEISAUS
KAUKOPUTKI
NÄKYVÄ
ZODIAKKI

86 - Géographie

I	M	B	Y	W	R	L	T	W	R	P	V	C	H	V	V
J	A	P	I	T	U	U	S	A	S	T	E	Q	A	U	A
Z	A	A	N	T	R	O	G	I	C	I	J	D	L	O	L
Q	I	J	T	Z	Q	M	A	A	S	S	A	D	V	R	T
N	L	G	C	P	O	H	J	O	I	N	E	N	K	I	A
L	M	H	J	R	G	E	S	H	R	Ä	T	U	U	K	M
Q	A	S	E	K	N	M	R	J	E	L	S	Y	L	P	E
S	K	A	R	T	T	A	R	O	M	U	A	P	E	A	R
Q	A	S	O	N	A	A	M	K	S	F	S	A	R	Y	I
Q	O	A	V	S	G	Z	L	I	E	A	Y	K	D	Y	O
S	Y	L	R	D	C	P	G	U	S	U	E	K	R	O	K
Y	Z	T	R	I	C	R	D	Y	W	L	V	M	O	A	J
Y	S	A	K	A	U	P	U	N	K	I	E	U	J	R	A
M	E	R	I	D	I	A	A	N	I	Ä	L	E	T	E	V
B	B	Z	I	W	U	E	I	U	C	C	V	Z	J	T	I
L	A	O	L	A	U	F	O	G	V	F	G	Q	I	J	F

KORKEUS
ATLAS
KARTTA
MAANOSA
JOKI
HALVKULE
SAARI
LEVEYSASTE
PITUUSASTE
MERI
MERIDIAANI
MAAILMA
VUORI
POHJOINEN
VALTAMERI
LÄNSI
MAASSA
ALUE
ETELÄ
KAUPUNKI

87 - Bâtiments

K	C	Y	L	Q	Ö	Y	Y	I	I	S	A	K	Y	S	L
Y	H	U	V	O	T	A	L	U	D	Y	H	B	M	A	A
L	I	N	N	A	S	O	F	I	N	R	O	T	U	I	B
Q	L	F	C	U	Y	U	V	I	O	K	C	G	S	R	O
P	L	W	U	M	T	S	P	H	H	P	T	I	E	A	R
Z	E	P	Z	S	E	F	N	E	N	O	I	P	O	A	A
K	T	L	N	H	H	L	Z	R	R	A	G	S	R	L	T
O	O	D	O	B	Ä	Y	I	U	Q	M	N	W	T	A	O
U	H	T	I	K	L	E	B	T	R	Q	A	W	I	O	R
L	H	S	D	Z	U	T	E	L	T	T	A	R	B	Z	I
U	R	T	A	I	R	V	E	B	Y	H	R	F	K	Y	O
M	P	H	T	F	Z	S	A	D	H	E	T	Q	W	E	V
Ö	Z	I	S	Q	V	A	U	T	O	T	A	L	L	I	T
K	T	E	A	T	T	E	R	I	E	E	M	U	G	Y	V
K	O	B	S	E	R	V	A	T	O	R	I	O	A	W	G
I	S	S	H	U	O	N	E	I	S	T	O	C	D	L	U

LÄHETYSTÖ
HUONEISTO
MÖKKI
LINNA
ELOKUVA
KOULU
AUTOTALLI
LATO
SAIRAALA
HOTELLI
LABORATORIO
MUSEO
OBSERVATORIO
STADION
SUPERMARKET
TELTTA
TEATTERI
TORNI
YLIOPISTO
TEHDAS

88 - Activités et Loisirs

Z	E	M	B	A	S	E	B	A	L	L	P	Z	S	N	H
E	H	A	F	M	A	T	K	U	S	T	A	A	U	Y	A
S	S	A	V	G	P	S	C	Z	W	B	Y	W	K	R	R
B	O	L	L	A	P	I	R	O	K	T	Q	N	E	K	R
I	J	A	O	D	D	N	Z	S	N	Y	L	C	L	K	A
H	F	U	M	F	H	N	W	J	U	B	K	N	L	E	S
N	D	S	O	I	W	E	V	R	F	L	O	G	U	I	T
R	E	N	T	O	U	T	T	A	V	A	L	T	S	L	U
K	A	L	A	S	T	U	S	T	A	I	D	E	W	Y	K
R	O	H	N	W	G	I	Y	D	G	E	F	S	A	Y	S
K	Z	W	K	J	N	W	O	H	E	O	C	K	J	V	E
F	I	M	E	F	I	B	E	T	W	L	P	O	B	R	T
I	O	L	L	A	P	A	K	L	A	J	O	T	K	P	S
M	I	G	P	V	M	O	I	R	A	F	Z	S	I	Z	J
T	Z	N	N	A	A	F	T	S	C	W	P	O	P	R	C
E	M	V	C	F	C	L	E	N	T	O	P	A	L	L	O

OSTOKSET
TAIDE
BASEBALL
KORIPALLO
NYRKKEILY
CAMPING
KILPA
JALKAPALLO
GOLF
UIMA
HARRASTUKSET
MAALAUS
KALASTUS
SUKELLUS
VAELLUS
RENTOUTTAVA
TENNIS
LENTOPALLO
MATKUSTAA

89 - Livres

J	F	Q	T	K	A	K	S	I	N	A	I	S	U	U	S
Q	G	A	A	J	R	A	S	T	K	L	O	T	W	Y	K
Y	U	L	R	E	V	K	Ä	J	I	K	E	T	W	N	R
C	P	G	I	L	T	F	I	R	K	S	J	C	C	E	B
U	U	C	N	V	E	S	L	G	L	E	B	R	Y	N	P
R	W	C	A	A	M	L	E	O	K	O	K	U	V	I	S
I	E	F	J	H	N	U	S	I	D	Z	C	N	Z	T	T
K	U	L	O	G	L	K	K	U	K	E	L	O	Y	S	R
M	O	I	E	I	W	I	E	A	B	K	W	U	F	I	A
S	S	N	G	V	B	J	K	P	J	J	A	S	M	R	A
L	M	A	T	J	A	A	R	U	N	O	J	I	U	O	G
K	U	A	H	E	V	A	K	S	Y	T	O	N	L	M	I
M	F	M	D	N	K	J	N	O	S	U	T	O	P	U	N
L	N	O	Q	T	G	S	J	T	O	M	R	H	K	H	E
I	W	R	O	D	W	B	T	R	I	B	E	B	N	O	N
E	E	P	P	I	N	E	N	I	V	A	K	L	L	Y	O

TEKIJÄ
SEIKKAILU
KOKOELMA
KONTEKSTI
KAKSINAISUUS
SKRIFTLIG
EEPPINEN
TARINA
HUMORISTINEN
UPOTUS

KEKSELIÄS
LUKIJA
KERTOJA
SIVU
RELEVAANTIA
RUNO
RUNOUS
ROMAANI
SARJA
TRAAGINEN

90 - Pays #2

O	Q	D	Z	O	Q	T	E	Z	L	F	P	V	J	I	W
N	S	G	A	N	I	A	R	K	U	A	N	E	A	L	F
L	D	B	T	L	R	N	V	A	Z	T	V	N	M	A	I
Z	P	Q	Q	E	L	S	A	I	N	E	K	Ä	A	O	U
W	D	Q	F	L	A	K	I	S	O	S	O	J	I	S	A
N	G	Z	H	R	N	A	O	E	N	H	K	Ä	K	P	L
Y	D	N	H	P	T	C	I	N	A	P	I	A	A	A	B
W	N	K	N	W	I	W	B	O	B	Y	S	S	I	K	A
S	O	M	A	L	I	A	P	D	I	I	K	V	R	I	N
S	L	L	L	C	T	K	N	N	L	C	E	V	Y	S	I
L	U	E	M	Z	I	T	F	I	K	B	M	G	Y	T	A
Y	H	D	H	D	A	P	G	N	I	Q	L	L	S	A	H
U	M	K	A	H	H	G	K	A	K	K	L	O	I	N	N
W	P	O	B	N	S	J	B	P	U	G	A	N	D	A	C
K	G	L	M	R	Q	Z	U	A	G	A	C	U	Q	H	D
H	G	N	B	B	S	H	C	J	P	Y	N	B	G	U	Q

ALBANIA
KIINA
TANSKA
RANSKA
HAITI
INDONESIA
IRLANTI
JAMAIKA
JAPANI
KENIA
LAOS
LIBANON
MEKSIKO
UGANDA
PAKISTAN
VENÄJÄ
SOMALIA
SUDAN
SYYRIA
UKRAINA

91 - Fournitures d'Art

A	N	K	Y	P	Q	T	H	A	S	D	I	R	H	P	G
Y	K	A	K	G	V	P	F	A	F	Z	M	Ä	N	Y	K
S	L	R	D	Y	P	Y	E	Q	F	L	A	A	K	Y	I
T	E	T	Y	M	U	S	T	E	P	T	A	Y	V	H	Q
R	Q	S	Q	Y	G	N	S	N	Y	J	L	Ö	E	E	I
P	A	K	Q	L	L	T	F	I	B	E	I	P	S	K	Q
W	F	P	M	H	O	I	I	L	O	U	T	I	I	U	G
M	G	Z	R	Q	F	L	S	E	F	R	S	T	D	M	G
I	N	G	H	L	S	L	N	T	C	P	F	C	A	I	P
T	Y	G	I	J	A	E	I	S	T	A	J	R	A	H	Ö
H	P	P	R	Z	V	R	D	U	T	P	R	V	O	N	Y
L	I	I	M	A	I	A	E	A	N	E	J	E	Ä	C	T
L	R	D	K	A	K	V	O	L	L	R	H	F	M	R	Ä
U	Q	R	O	J	J	K	I	A	S	I	J	I	Z	A	I
D	U	Y	H	M	M	A	T	A	C	S	F	G	O	Q	K
L	U	O	V	U	U	S	A	M	M	F	G	U	B	O	Z

AKRYYLI
AKVARELLIT
SAVI
HARJAT
KAMERA
TUOLI
MAALAUSTELINE
LIIMA
VÄRI
KYNÄ
LUOVUUS
VESI
MUSTE
PYYHEKUMI
ÖLJY
IDEOITA
PAPERI
MAALIT
PÖYTÄ

92 - Eau

Y	A	M	Y	Y	N	T	U	J	I	J	V	N	P	R	V
U	C	O	R	S	D	O	Z	O	P	Y	R	B	A	L	Z
Q	S	N	Y	F	U	Y	R	K	K	A	S	T	E	L	U
S	J	S	Ö	I	Z	P	F	I	G	A	G	U	B	E	K
A	Ä	U	H	M	E	W	A	V	A	N	A	K	W	I	H
S	Ä	U	T	A	C	I	W	K	S	E	C	R	R	U	I
M	N	N	U	E	I	L	T	J	K	J	Ä	R	V	I	U
V	F	I	W	T	M	H	K	D	R	A	N	S	Y	P	S
V	P	R	A	S	U	E	T	S	O	K	N	U	B	U	Q
Z	T	E	B	O	L	K	L	U	V	T	Y	E	H	K	J
L	A	M	Q	K	A	K	G	H	M	U	T	S	N	G	I
F	Y	A	G	E	Y	S	I	R	E	I	H	T	M	T	J
Y	T	T	M	D	S	A	V	Z	P	Z	N	Y	I	O	G
W	V	L	P	P	Z	Z	W	N	L	E	S	E	D	A	S
W	Q	A	H	U	R	R	I	K	A	A	N	I	N	H	N
J	Q	V	A	A	L	T	O	T	U	L	V	A	S	U	S

KANAVA
SUIHKU
HAIHTUMINEN
JOKI
PAKKANEN
GEYSIR
JÄÄN
KOSTEA
KOSTEUS
TULVA
KASTELU
JÄRVI
MONSUUNI
LUMI
VALTAMERI
HURRIKAANI
SADE
AALTO
HÖYRY

93 - Jazz

Ä	V	R	A	C	C	D	R	J	P	K	U	U	T	Q	C
J	T	U	H	I	K	U	E	Y	W	E	W	A	U	R	U
Ä	M	H	R	G	S	U	M	U	T	S	O	O	K	S	T
T	A	I	T	E	I	L	I	J	A	M	A	I	P	K	I
L	M	R	U	P	L	U	Q	B	A	G	I	M	A	O	K
E	U	E	M	K	Y	A	W	W	L	A	H	P	I	N	I
V	S	T	M	Y	Y	L	N	S	B	O	H	R	N	S	S
Ä	I	S	U	K	T	Z	J	R	U	S	G	O	O	E	O
S	I	E	R	Y	U	O	J	S	M	B	B	V	T	R	U
A	K	K	I	I	N	K	E	T	I	Y	I	I	U	T	S
H	K	R	S	T	B	U	L	N	J	T	L	S	S	T	E
N	I	O	K	U	U	L	U	I	S	A	A	A	D	I	Q
A	V	Y	Y	Y	Z	Y	R	Z	J	D	J	A	O	K	Q
V	O	B	T	K	R	H	V	A	I	A	I	T	K	W	E
T	L	G	N	H	V	I	R	O	H	W	G	I	Q	J	G
Z	F	K	R	U	B	S	F	N	R	S	D	O	C	B	K

PAINOTUS
ALBUMI
TAITEILIJA
KUULUISA
LAULU
SÄVELTÄJÄ
KOOSTUMUS
KONSERTTI
SUOSIKIT
LAJI
IMPROVISAATIO
MUSIIKKI
UUSI
ORKESTERI
RYTMI
TYYLI
KYKY
RUMMUT
TEKNIIKKA
VANHA

94 - Paysages

V	H	K	E	I	D	A	S	O	N	A	C	L	O	V	Y
A	A	V	I	K	K	O	T	S	I	U	S	A	S	I	C
T	L	B	K	R	D	U	G	U	J	W	H	A	P	L	N
N	O	J	O	O	O	S	C	E	V	V	W	K	N	U	N
A	U	Ä	J	C	L	U	P	V	Y	B	M	S	D	A	F
R	L	Ä	D	I	T	B	V	Z	U	S	J	O	H	A	Z
S	I	V	P	G	B	S	Ö	S	U	C	I	K	Ä	M	A
Q	U	U	H	K	N	Z	K	R	R	W	R	R	F	I	B
Q	L	O	J	O	A	L	K	P	F	P	A	E	K	M	J
L	E	R	J	Ä	R	V	I	I	P	F	A	V	O	E	D
J	S	I	W	S	U	O	T	U	P	I	S	E	V	I	D
M	A	O	D	F	J	E	Ä	N	Z	F	M	S	V	N	R
P	E	S	W	C	F	Q	Ä	B	U	D	I	W	I	U	U
Q	A	R	D	N	U	T	J	Z	O	W	R	U	I	F	N
J	R	W	I	J	C	V	T	R	Z	U	F	S	W	I	V
O	L	N	M	V	W	B	D	C	B	N	Q	B	A	O	J

VESIPUTOUS
MÄKI
AAVIKKO
SUISTO
JOKI
GEYSIR
JÄÄTIKKÖ
LUOLA
JÄÄVUORI
SAARI
JÄRVI
SUO
MERI
VUORI
KEIDAS
NIEMIMAA
RANTA
TUNDRA
LAAKSO
VOLCANO

95 - Pays #1

A	R	G	E	N	T	I	I	N	A	R	R	Y	B	F	S
Z	Z	F	Q	I	T	P	Z	W	J	R	B	E	J	I	A
C	M	D	Y	N	U	M	C	P	S	Q	A	Q	H	L	K
N	P	Z	P	K	G	Z	L	L	R	M	M	I	T	I	S
E	R	O	M	A	F	G	A	N	I	S	T	A	N	P	A
M	M	U	R	A	J	D	Y	C	I	U	H	U	C	P	U
P	Q	A	R	J	T	U	B	Y	U	W	N	E	I	I	G
E	A	A	L	O	U	P	I	W	Y	S	P	S	O	I	A
C	J	N	V	I	M	I	L	E	A	R	S	I	F	N	R
U	R	F	A	V	J	A	I	L	I	S	A	R	B	I	A
A	O	O	K	M	A	J	N	S	U	O	M	I	Q	T	C
D	N	R	N	T	A	N	P	I	D	C	W	G	R	C	I
O	I	N	T	I	A	A	M	V	A	D	A	N	A	K	N
R	G	B	V	Z	Y	P	V	E	N	E	Z	U	E	L	A
O	H	B	Y	S	A	S	A	M	A	R	O	K	K	O	L
S	F	B	B	M	B	E	H	E	D	N	B	N	M	G	Y

AFGANISTAN
SAKSA
ARGENTIINA
BRASILIA
KANADA
ESPANJA
ECUADOR
SUOMI
INTIA
ISRAEL
LIBYA
MALI
MAROKKO
NICARAGUA
NORJA
PANAMA
FILIPPIINIT
PUOLA
ROMANIA
VENEZUELA

96 - Nombres

N	K	A	T	S	I	O	T	I	S	K	A	K	E	R	G
G	O	Q	Y	R	S	U	D	O	B	A	O	I	N	J	D
A	S	L	A	K	K	T	G	M	O	H	O	U	H	O	E
T	O	R	L	O	A	B	R	W	P	D	I	Z	W	L	S
S	Z	O	M	A	K	R	Y	Y	D	E	M	L	O	K	I
I	E	F	F	W	M	H	A	B	R	K	F	G	C	K	M
O	K	I	A	T	S	I	O	T	I	S	U	U	K	Y	A
T	H	S	T	W	U	Q	L	Q	L	A	J	D	Q	P	A
E	Z	I	K	S	Y	K	S	I	W	N	G	G	J	J	L
M	R	I	G	U	E	G	F	J	I	W	F	J	T	T	I
L	I	V	Q	J	U	M	S	N	E	L	J	Ä	S	J	C
O	M	V	R	I	D	S	Ä	K	Y	M	M	E	N	E	N
K	M	Q	O	Q	F	D	I	N	Ä	S	K	E	D	H	Y
C	E	M	M	A	T	E	M	A	T	I	I	K	K	A	W
R	K	A	K	S	I	K	Y	M	M	E	N	T	Ä	B	T
O	Z	B	F	Y	N	E	L	J	Ä	T	O	I	S	T	A

VIISI
KAKSI
DESIMAALI
KYMMENEN
KAKSITOISTA
KAHDEKSAN
MATEMATIIKKA
YHDEKSÄN
NELJÄTOISTA
NELJÄ
KUUSITOISTA
SEITSEMÄN
KUUSI
KOLMETOISTA
KOLME
YKSI
KAKSIKYMMENTÄ
NOLLA

97 - Nature

N	K	V	G	R	A	J	O	U	S	P	W	J	J	M	T
N	E	N	I	M	A	A	N	Y	D	Z	G	O	Y	E	R
H	L	B	N	C	G	U	V	M	P	K	E	K	Z	H	O
Q	O	N	T	G	K	U	H	I	Z	T	Z	I	V	I	O
S	L	W	K	T	Ö	P	I	A	K	A	G	V	M	L	P
S	U	M	U	W	K	E	N	U	L	K	J	L	E	Ä	P
N	H	Q	Ö	K	K	Ä	H	Y	P	L	O	I	Z	I	I
E	R	O	O	S	I	O	T	Z	J	E	I	P	S	N	N
N	S	N	G	P	T	P	W	V	S	L	C	N	U	E	E
I	T	G	F	N	Ä	O	N	I	C	Ä	Z	E	E	N	N
T	G	F	A	M	Ä	O	B	L	O	I	H	I	N	N	T
K	K	R	Q	W	J	W	M	L	J	M	U	T	U	H	T
R	B	T	Y	T	M	Y	I	I	M	E	U	H	A	L	Q
A	V	U	O	R	E	T	L	Y	M	T	D	E	K	U	O
F	M	E	T	S	Ä	E	K	R	Ä	T	B	L	B	B	M
Y	P	W	V	S	P	O	A	Q	L	E	M	V	J	U	F

MEHILÄINEN
SUOJA
ELÄIMET
ARKTINEN
KAUNEUS
SUMU
AAVIKKO
DYNAAMINEN
EROOSIO
LEHTIEN
JOKI
METSÄ
JÄÄTIKKÖ
VUORET
PILVI
PYHÄKKÖ
VILLI
RAUHALLINEN
TROOPPINEN
TÄRKEÄ

98 - Chimie

Y	D	O	Q	K	D	L	Q	D	H	Y	O	B	W	E	L
K	D	C	Y	F	A	K	T	F	H	A	P	P	O	M	Ä
A	D	I	F	J	Y	T	V	E	T	Y	N	W	Q	Ä	M
A	K	P	N	P	H	Y	A	J	F	O	E	Z	S	K	P
S	T	I	L	Y	Y	K	E	L	O	M	S	Y	Q	S	Ö
U	R	E	U	W	R	E	T	S	Y	Q	T	B	R	I	H
F	K	H	N	C	P	A	I	N	O	S	E	T	G	N	I
N	O	T	M	T	G	P	L	E	L	Y	A	I	O	E	I
S	U	O	L	A	Q	F	L	L	Ä	A	D	T	O	N	L
H	Y	Y	I	K	S	E	A	E	M	M	J	N	O	I	I
E	A	P	K	T	L	F	T	K	P	R	P	E	T	R	Y
L	D	P	D	V	Q	L	E	T	Ö	Q	I	M	M	O	W
Z	R	L	P	G	C	D	M	R	T	B	M	E	P	O	C
H	F	A	G	I	N	O	I	O	I	H	D	L	D	L	Q
E	N	T	S	Y	Y	M	I	N	L	B	R	E	A	K	B
Q	M	U	T	G	A	Y	V	I	A	E	E	P	N	W	W

HAPPO
EMÄKSINEN
HIILI
KATALYSATOR
LÄMPÖ
KLOORI
ENTSYYMI
ELEKTRONI
ELEMENTIT
KAASU
VETY
IONI
NESTE
METALLIT
MOLEKYYLI
YDIN
HAPPI
PAINO
SUOLA
LÄMPÖTILA

99 - Bateaux

L	A	U	T	T	A	Z	C	M	B	U	S	A	R	T	K
M	K	J	I	K	V	E	O	F	R	K	B	Z	Y	H	P
I	K	I	R	E	M	U	R	N	T	O	L	D	L	M	G
E	A	O	M	T	I	Q	O	I	T	T	O	O	N	A	K
H	L	P	E	P	R	I	V	R	Ä	J	A	A	L	T	O
I	E	N	R	N	C	R	E	E	O	K	O	C	Z	B	A
S	T	U	I	K	R	U	Y	M	N	V	F	K	L	W	K
T	M	M	M	U	F	K	W	A	B	L	E	W	I	R	Z
Ö	A	I	I	Z	T	K	O	T	C	R	N	S	B	K	P
N	S	T	E	V	R	N	P	L	E	K	E	H	I	Q	K
Y	T	H	S	M	O	A	K	A	P	B	V	O	S	Y	F
H	O	A	H	A	E	Y	R	V	Z	G	E	T	Y	B	M
K	A	J	A	K	K	G	Z	H	G	J	J	U	Ö	O	R
M	O	O	T	T	O	R	I	O	D	C	R	M	K	Q	K
Z	F	E	V	L	A	T	S	U	M	Y	U	O	B	B	T
E	O	K	J	J	O	B	R	Y	V	Y	P	Y	L	U	I

ANKKURI
POIJU
KANOOTTI
KÖYSI
TELAKKA
MIEHISTÖ
JOKI
KAJAKK
JÄRVI
VUOROVESI
MERIMIES
MASTO
MERI
MOOTTORI
VALTAMERI
LAUTTA
AALTO
PURJEVENE
JAHTI

100 - Mesures

K	P	H	G	J	B	P	G	K	V	W	C	E	B	A	T
I	M	A	E	Y	S	C	R	T	D	N	O	D	E	J	S
L	E	S	T	N	K	S	A	G	H	S	U	U	T	I	P
O	G	E	Y	I	Z	K	M	O	R	K	V	D	Y	S	A
G	S	N	L	E	V	W	M	S	R	M	A	E	D	S	I
R	G	T	T	L	V	K	A	O	S	A	T	R	E	N	N
A	C	T	I	G	E	E	O	F	I	S	W	L	S	U	O
M	I	I	N	N	O	T	L	R	O	S	C	I	I	J	K
M	F	M	I	V	G	V	F	S	K	A	H	T	M	T	R
A	S	E	N	Z	A	S	T	E	Y	E	W	R	A	T	W
L	F	T	M	I	T	T	A	R	I	V	U	A	A	G	W
P	I	R	J	F	B	A	O	U	H	P	Y	S	L	B	U
V	G	I	R	T	E	M	O	L	I	K	H	Y	I	L	D
G	W	T	V	B	S	U	U	V	A	L	I	T	S	E	V
Q	D	W	M	I	N	U	U	T	T	I	R	V	F	M	G
P	Y	P	L	C	W	T	C	Y	C	Z	M	G	A	J	T

SENTTIMETRI
ASTE
DESIMAALI
GRAMMA
KORKEUS
KILOGRAMMA
KILOMETRI
LEVEYS
LITRA
PITUUS
MASSA
MITTARI
MINUUTTI
TAVU
UNSSI
PAINO
TUUMA
SYVYYS
TONNI
TILAVUUS

1 - Adjectifs #2

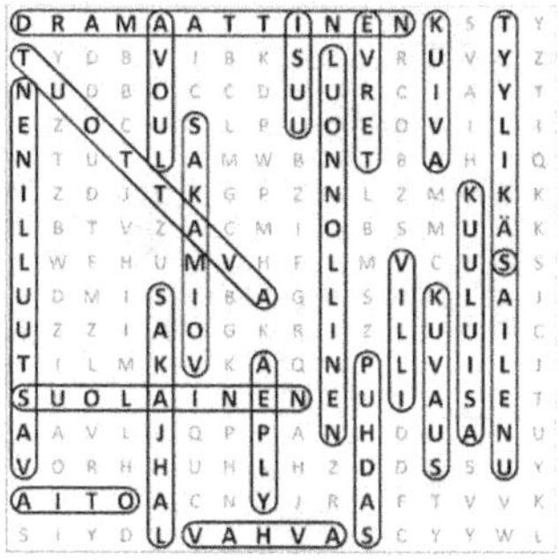

2 - Formes

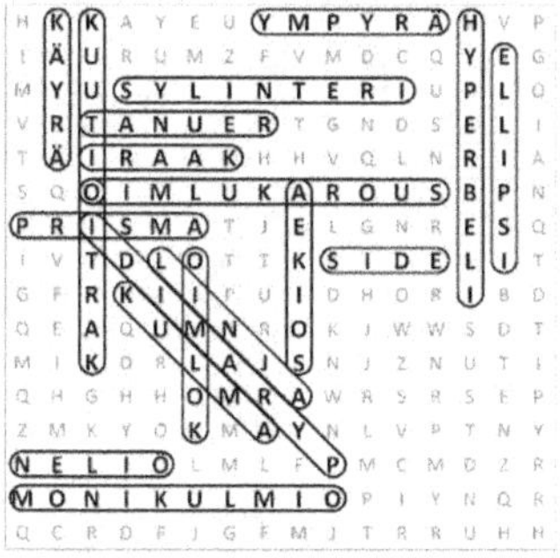

3 - Force et Gravité

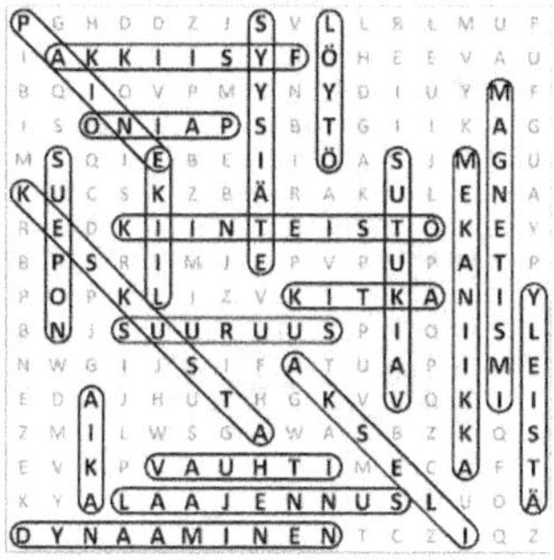

4 - Adjectifs #1

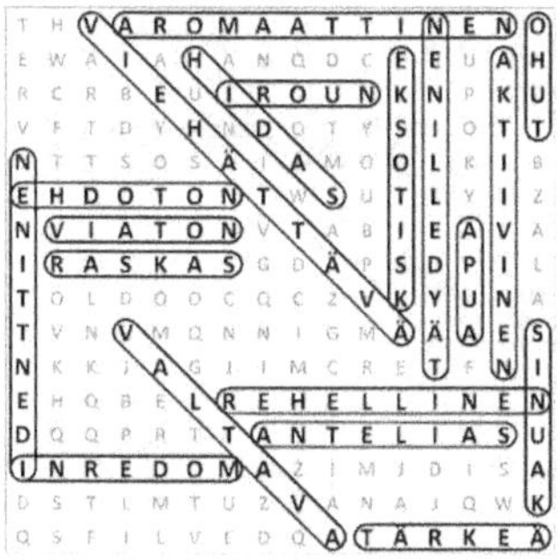

5 - Instruments de Musique

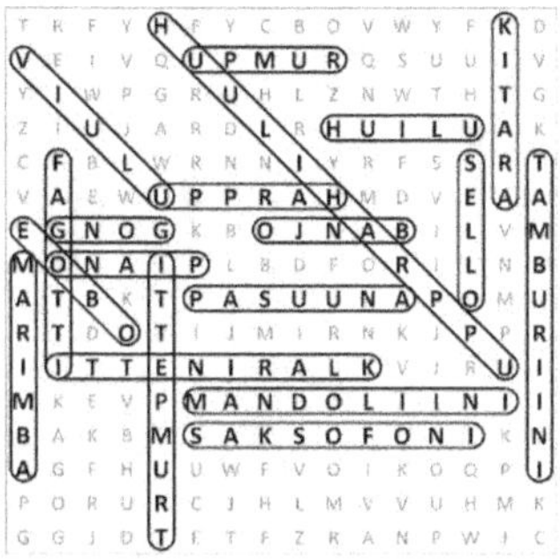

6 - Échecs

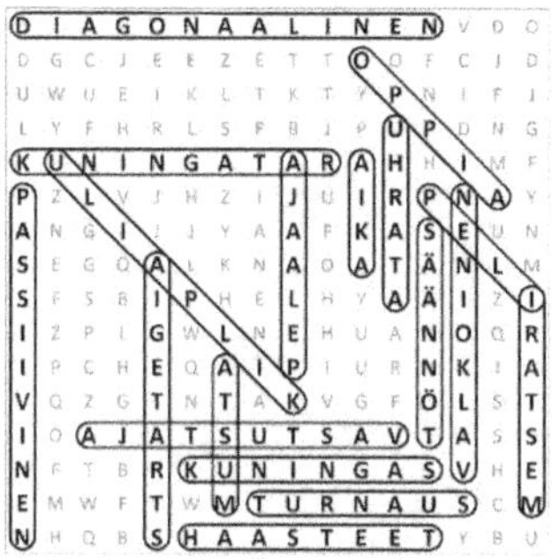

7 - Herboristerie

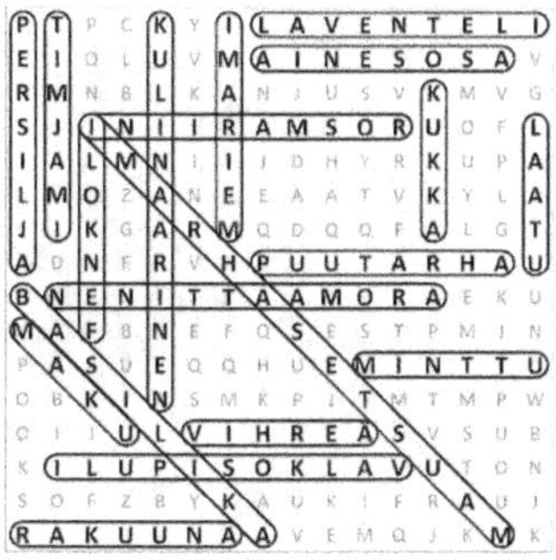

8 - Photographie

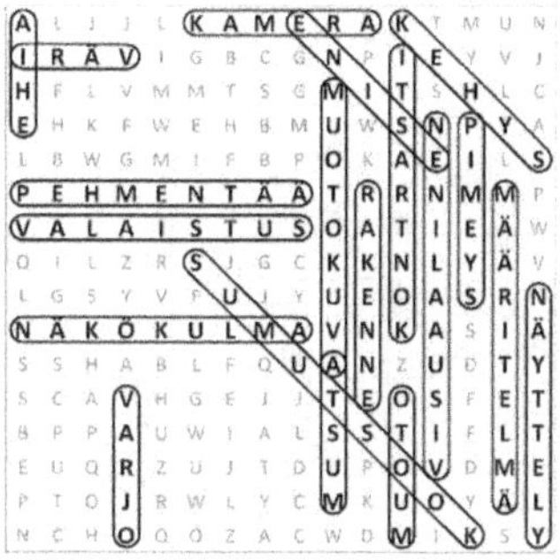

9 - Véhicules

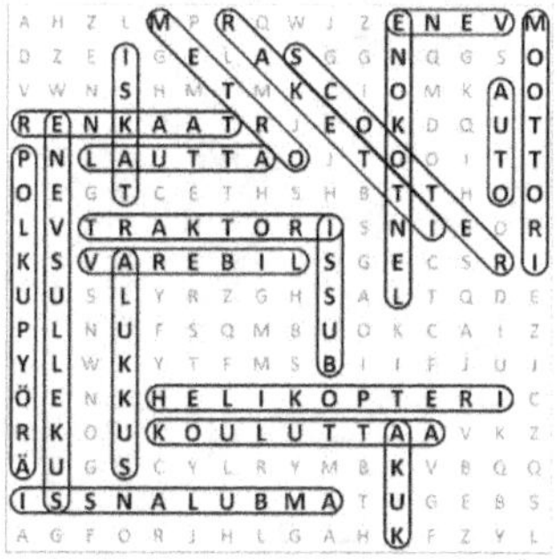

10 - Camping

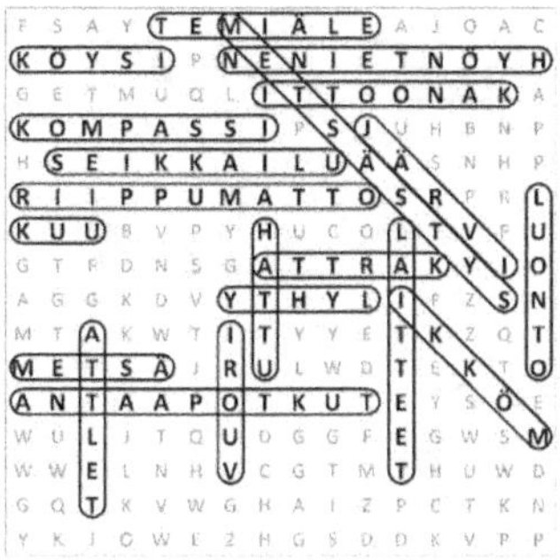

11 - Géométrie

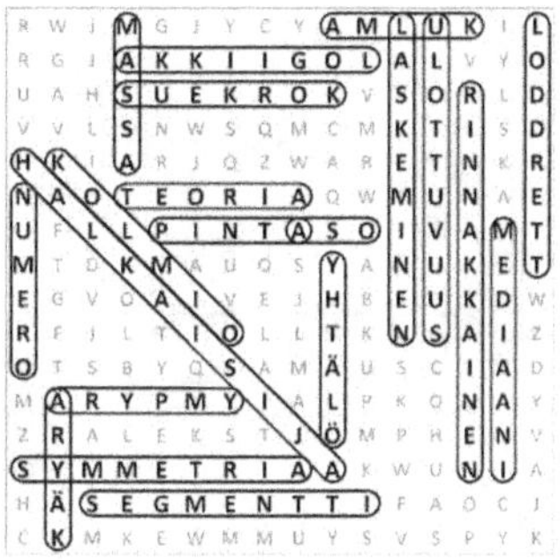

12 - Les Médias

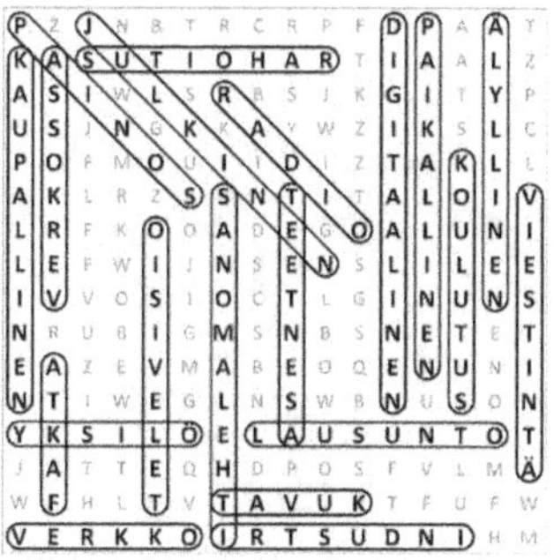

13 - Diplomatie

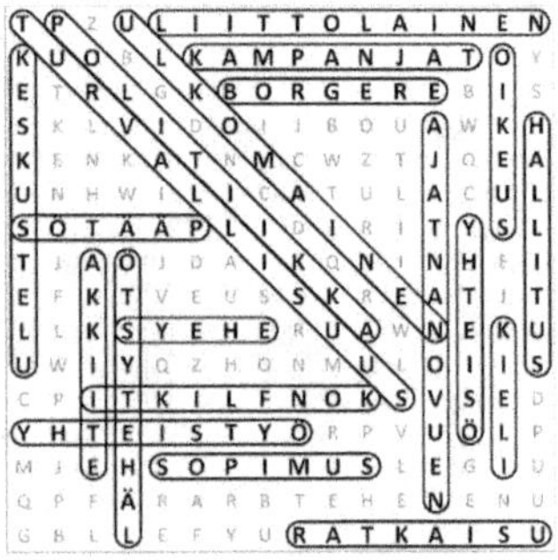

14 - Électricité

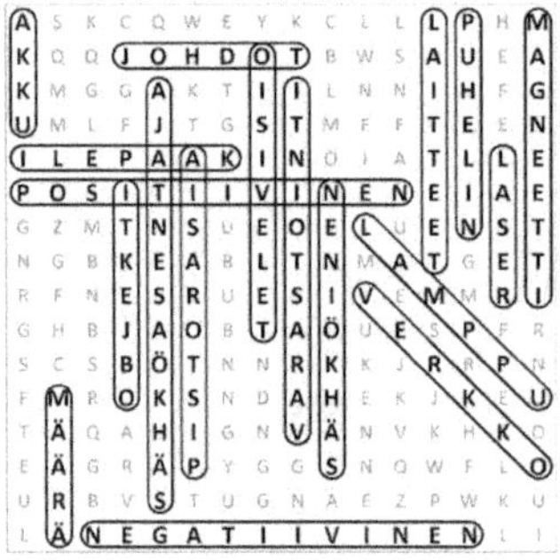

15 - Astronomie

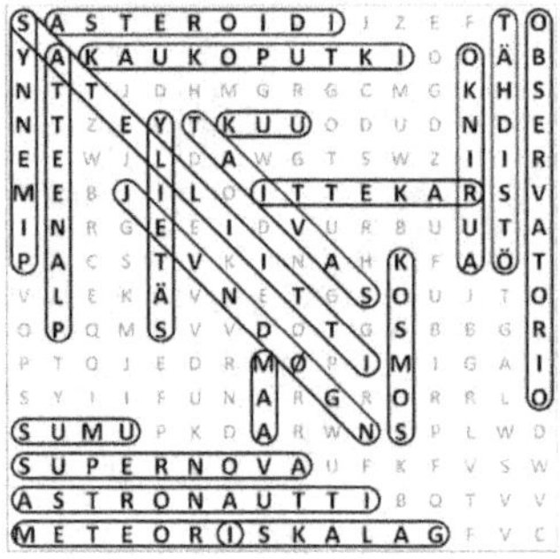

16 - Physique

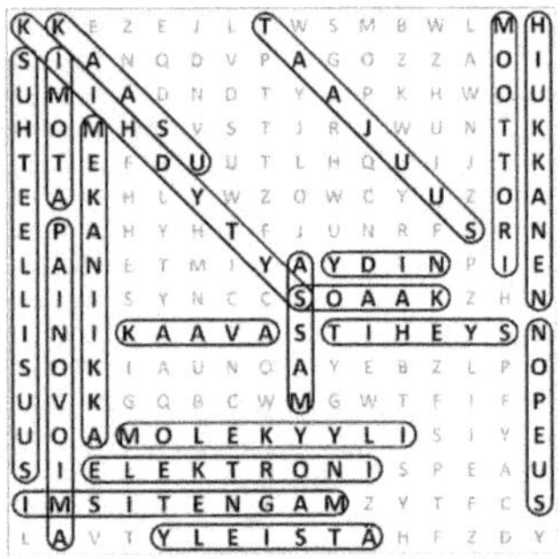

17 - Types de Cheveux

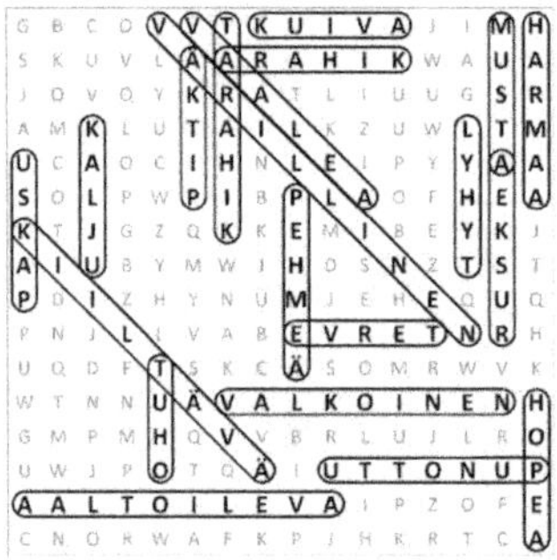

18 - Archéologie

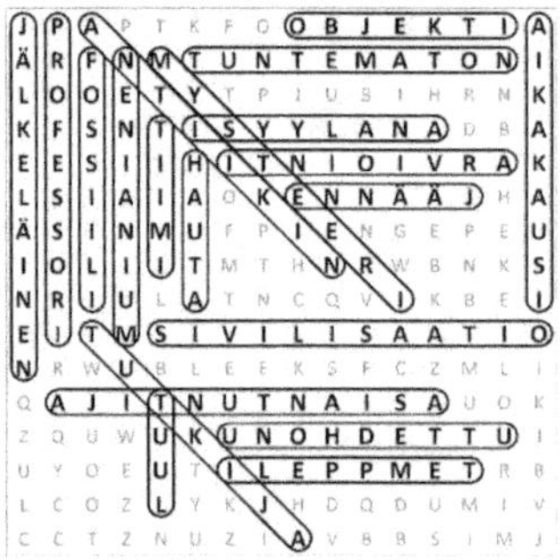

19 - Mammifères

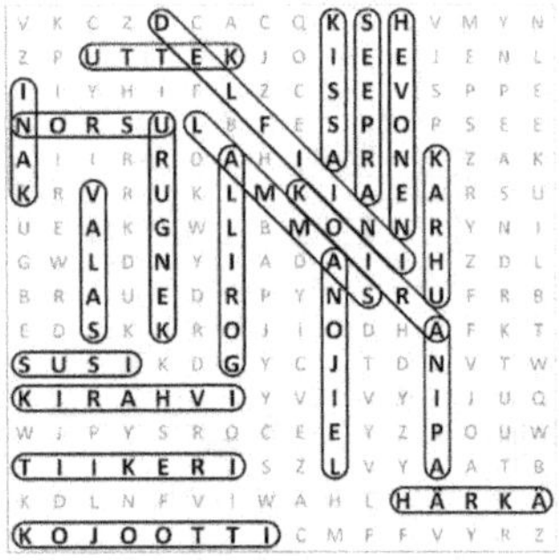

20 - Chocolat

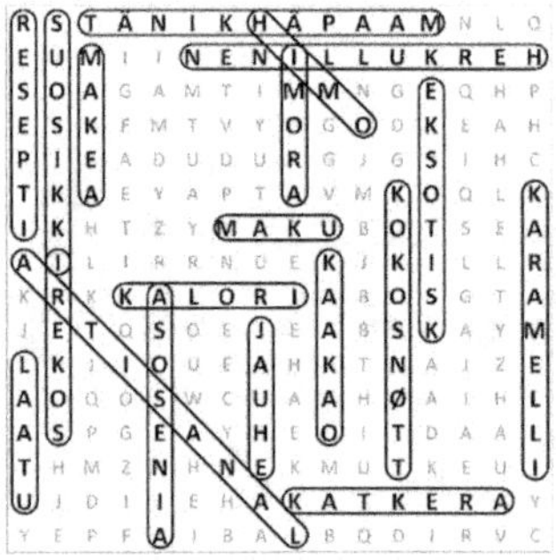

21 - Mathématiques

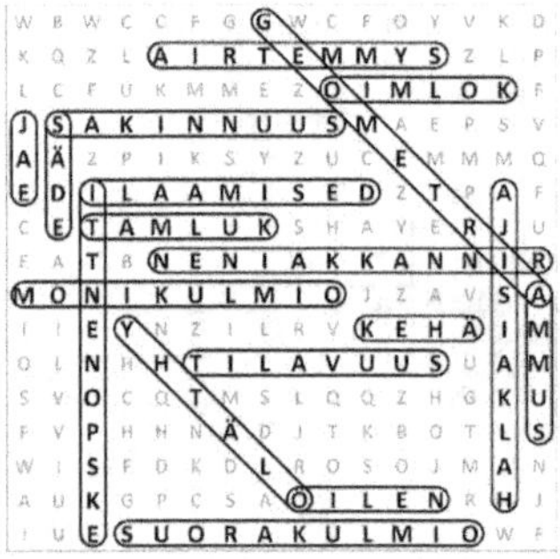

22 - Sport

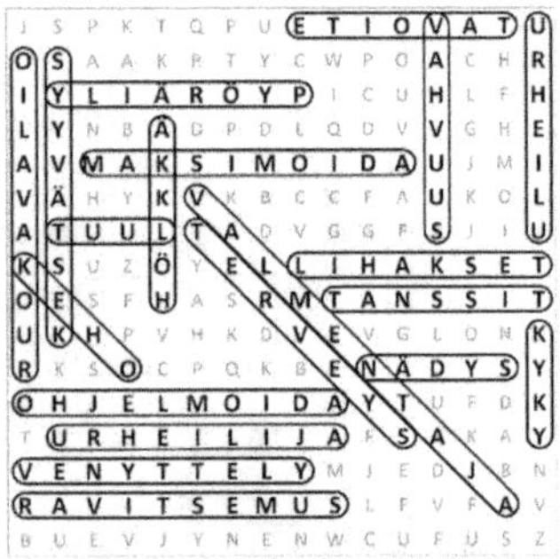

23 - Mythologie

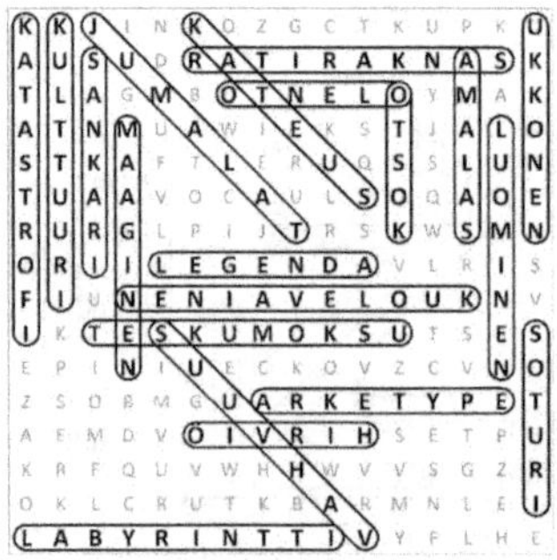

24 - Restaurant #2

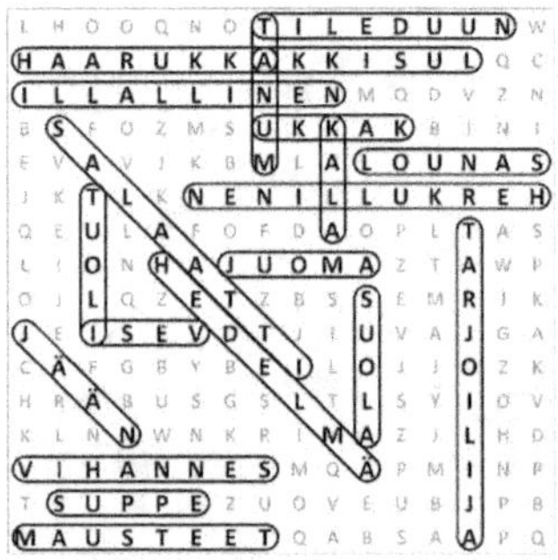

25 - Beauté

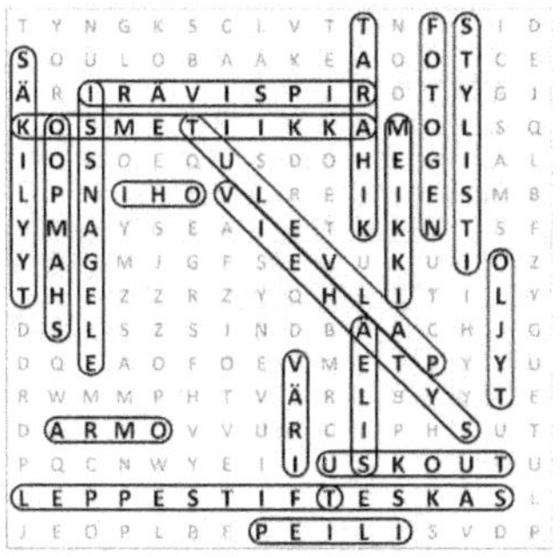

26 - Avions

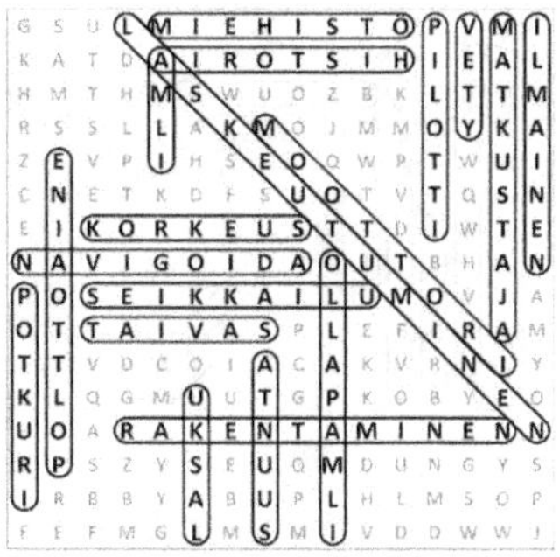

27 - Aventure

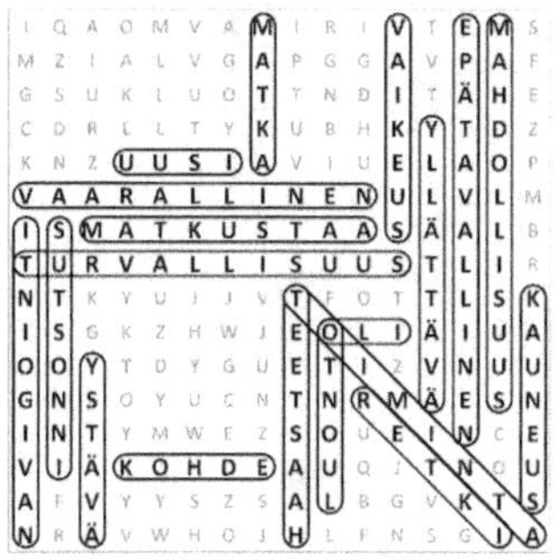

28 - Ville

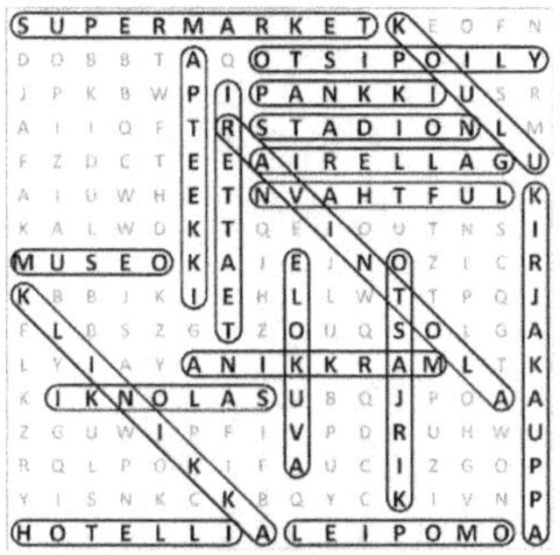

29 - Ingénierie

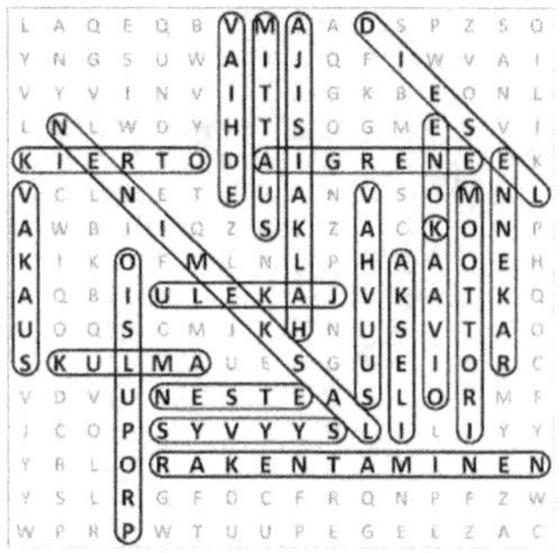

30 - Énergie

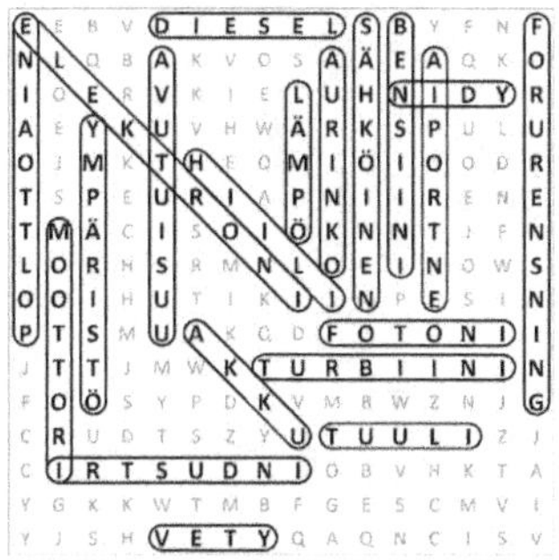

31 - Cuisine

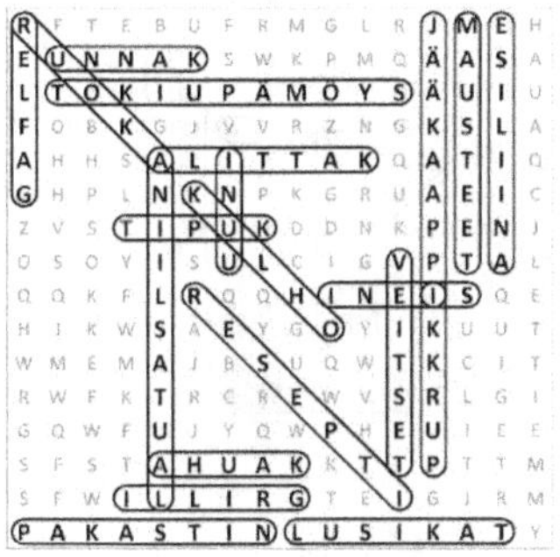

32 - Corps Humain

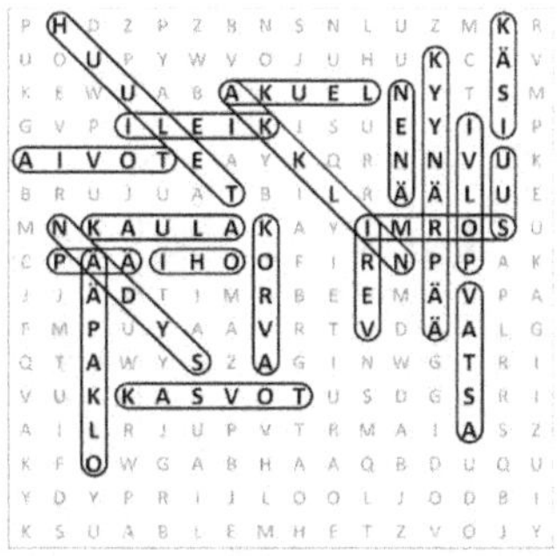

33 - Biologie

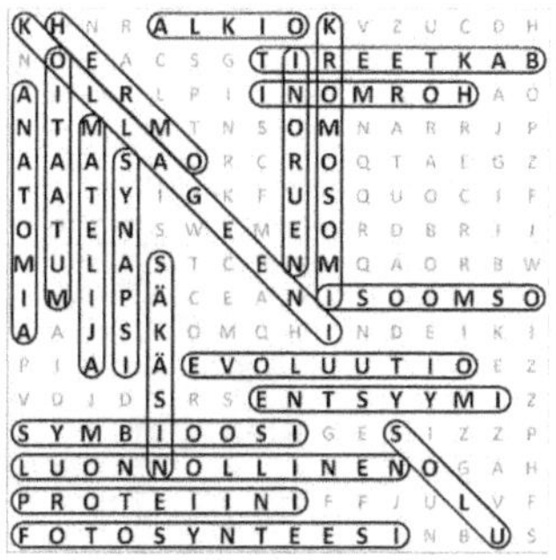

34 - Épices

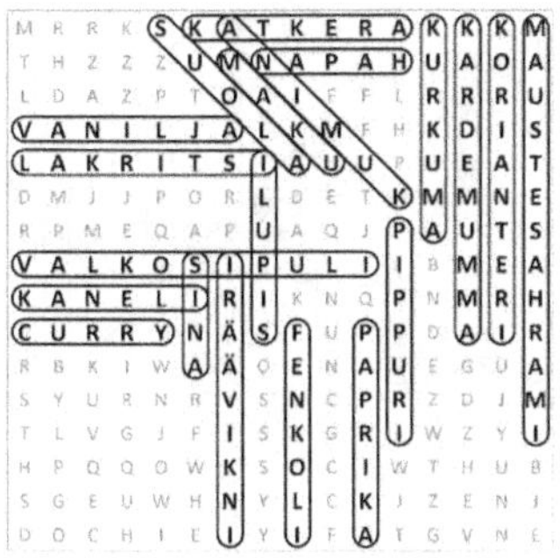

35 - Agronomie

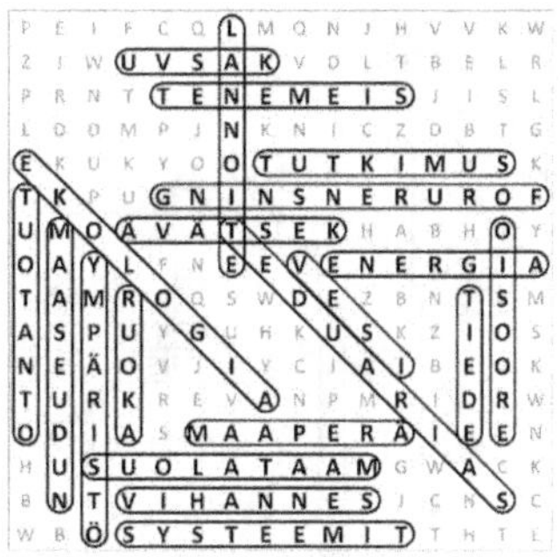

36 - Science

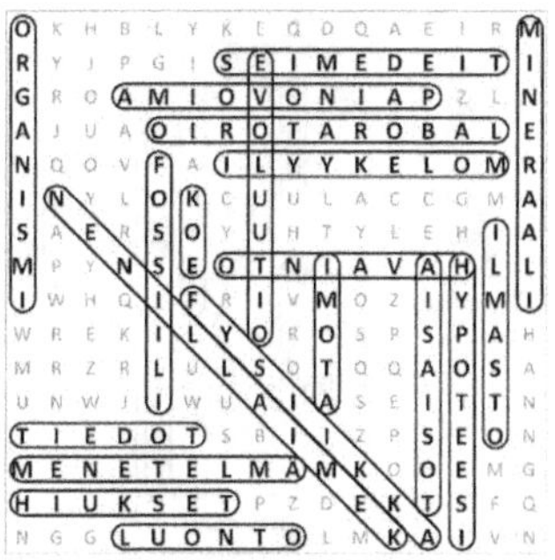

37 - Vêtements

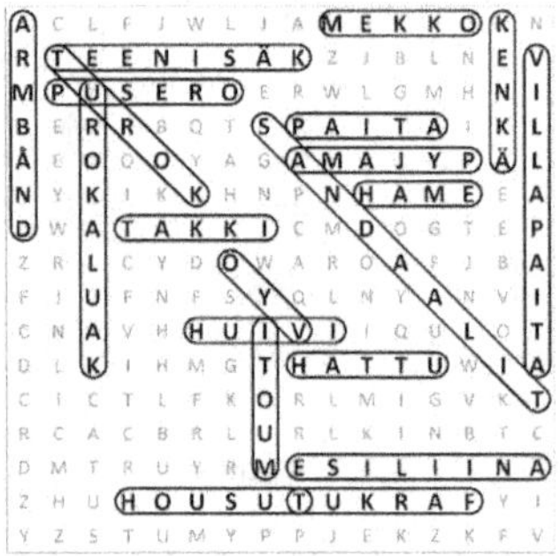

38 - Arts Visuels

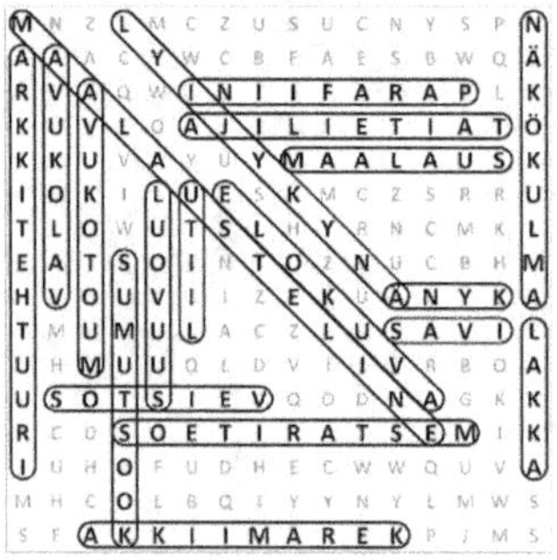

39 - Méditation

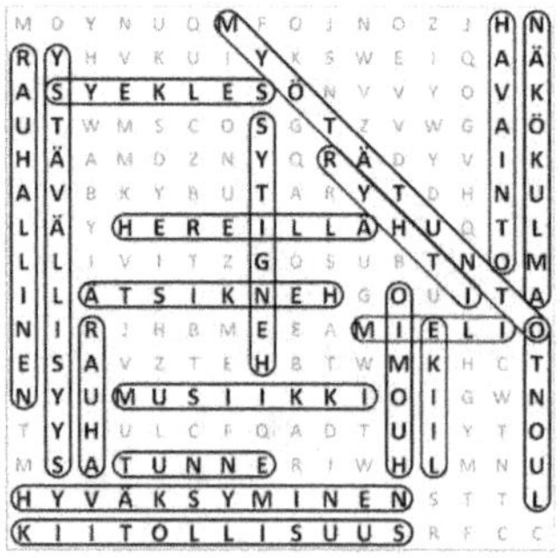

40 - Littérature

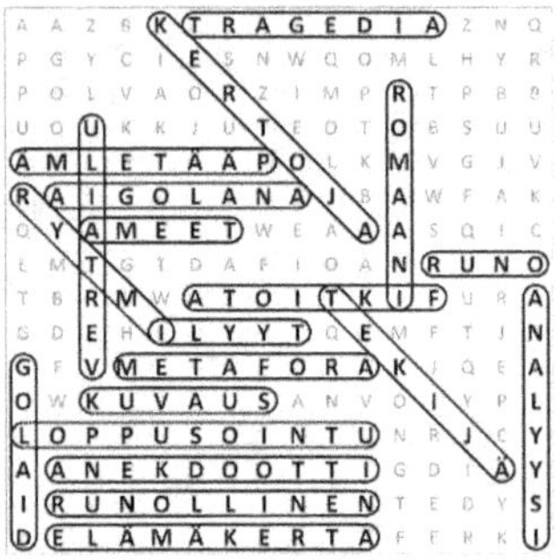

41 - Nourriture #1

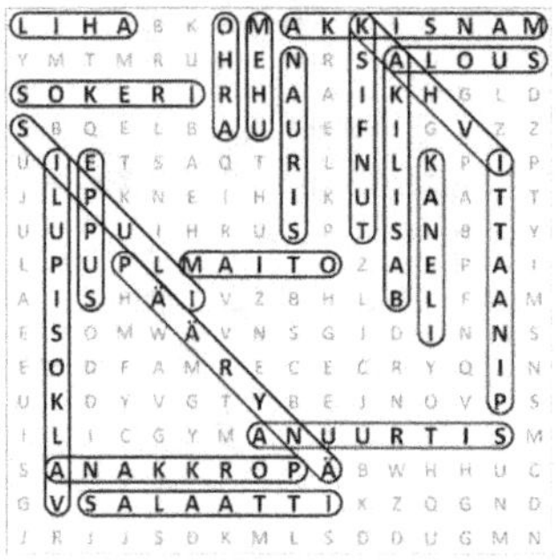

42 - Jours et Mois

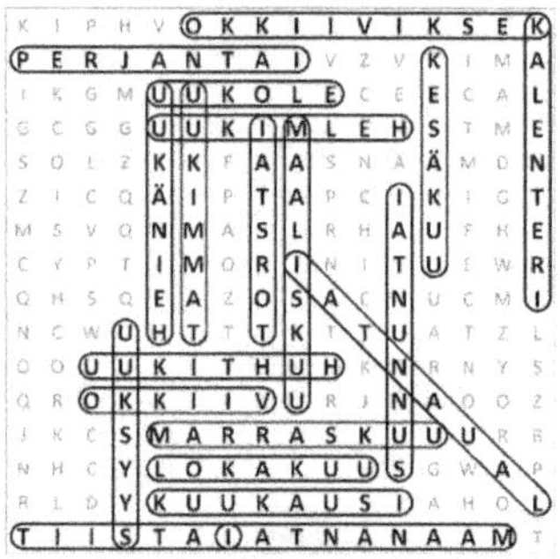

43 - Entreprise

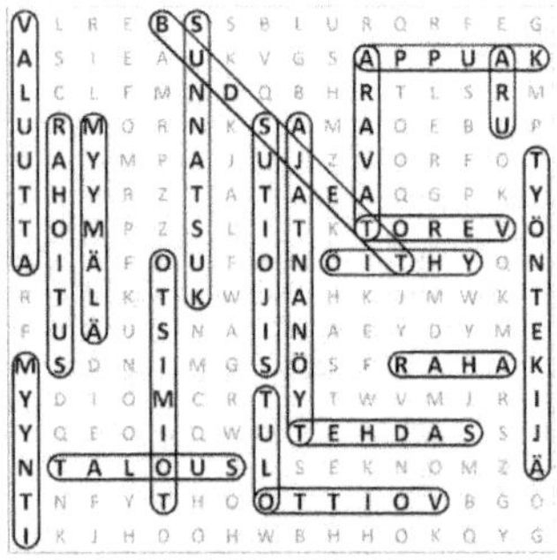

44 - Activités

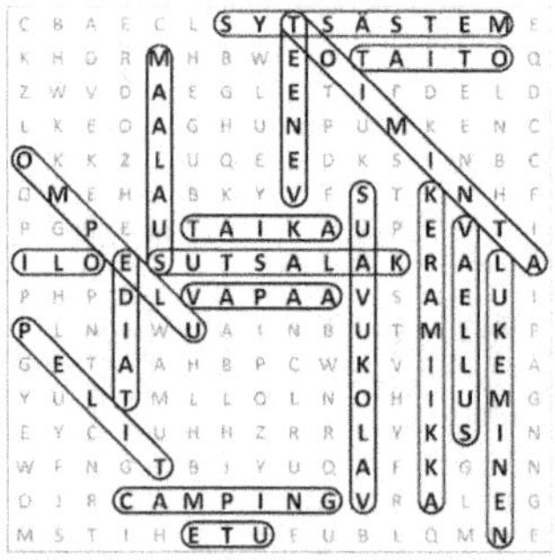

45 - Mode

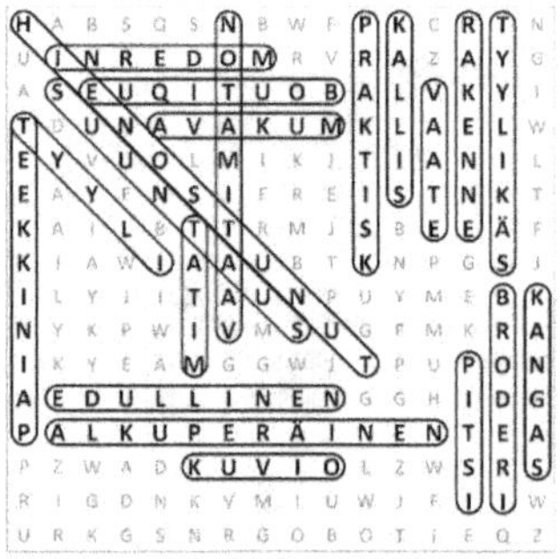

46 - Fleurs

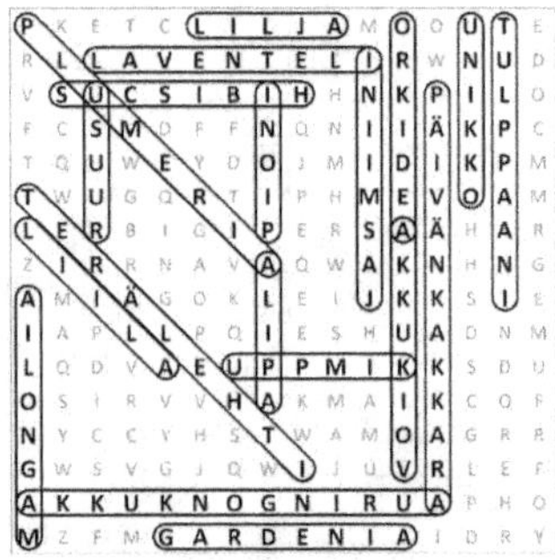

47 - Nourriture #2

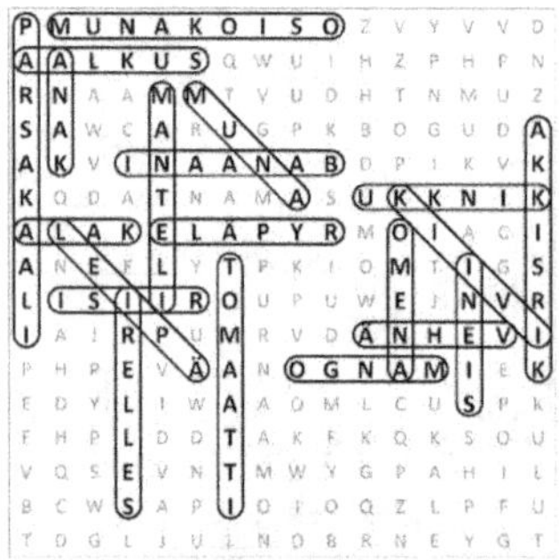

48 - Algèbre

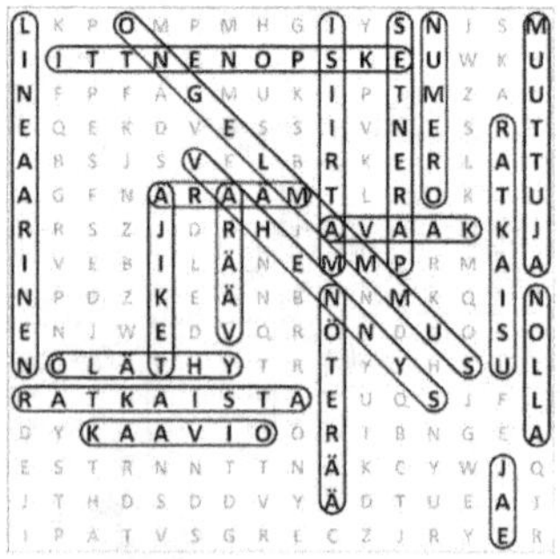

49 - Océan

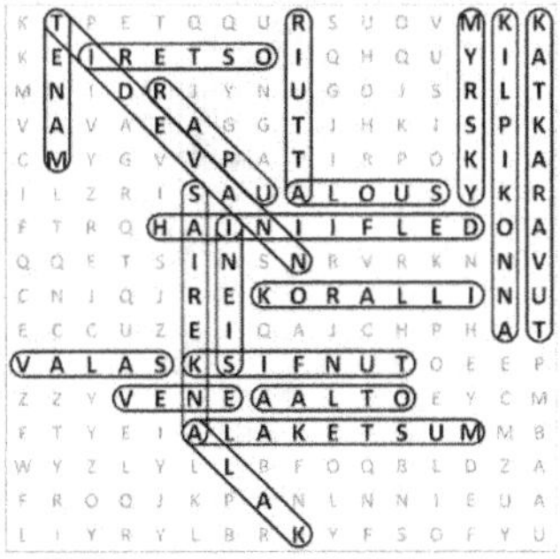

50 - Antiquités

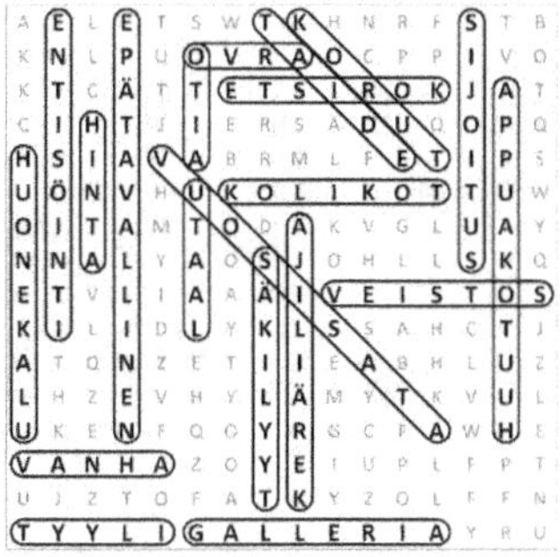

51 - Réchauffement Cli

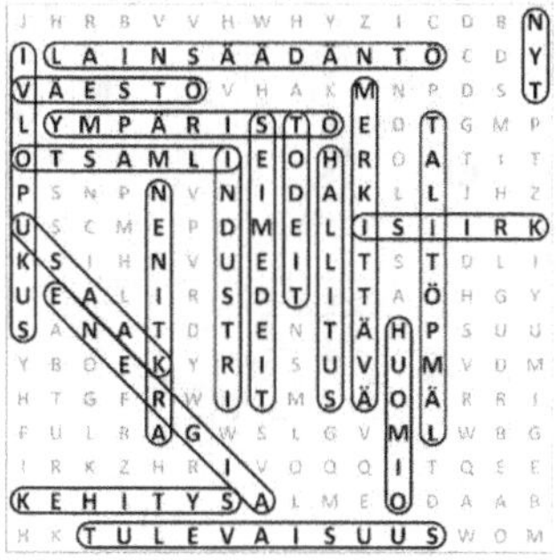

52 - Ballet

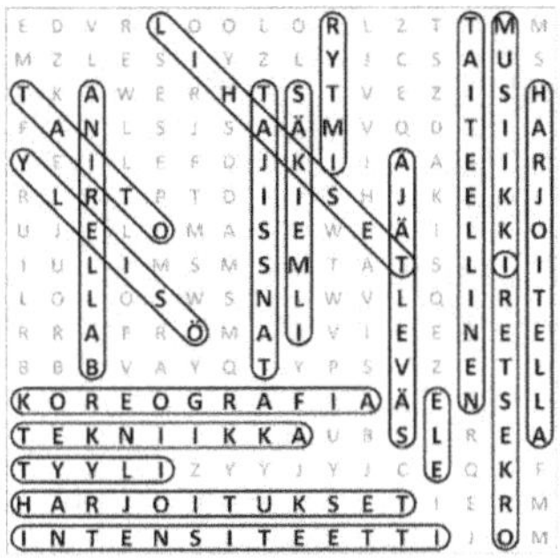

53 - Fruit

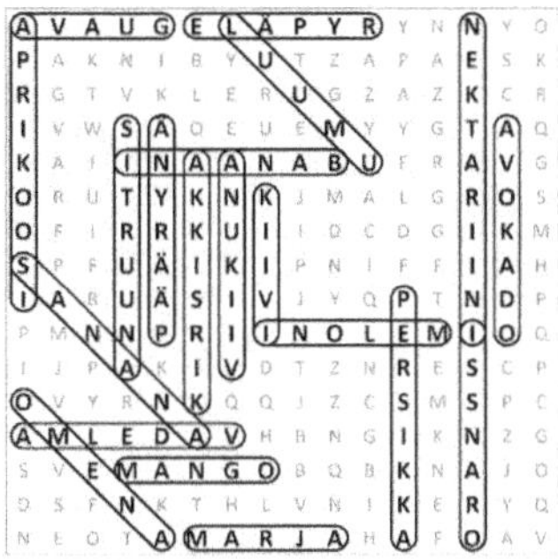

54 - Technologie

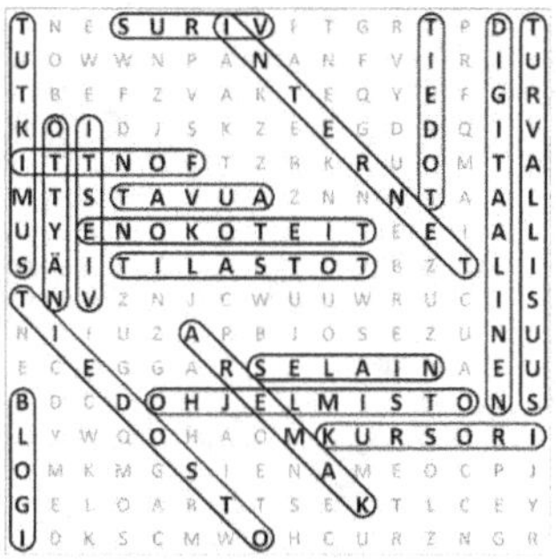

55 - Musique

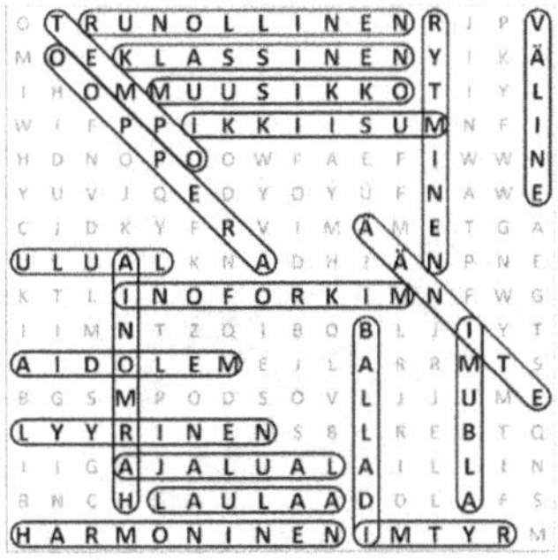

56 - Météo

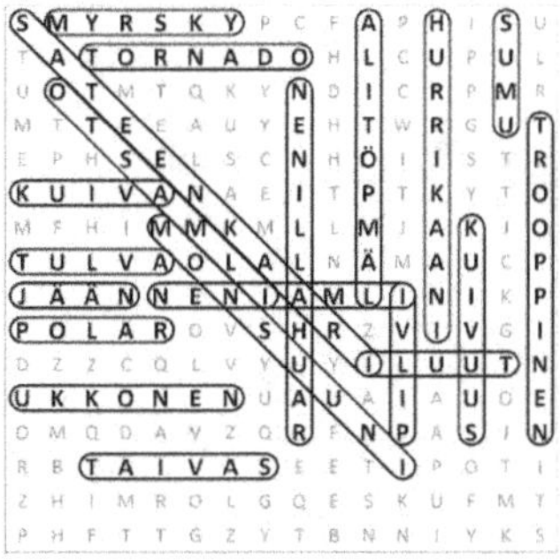

57 - Gouvernement

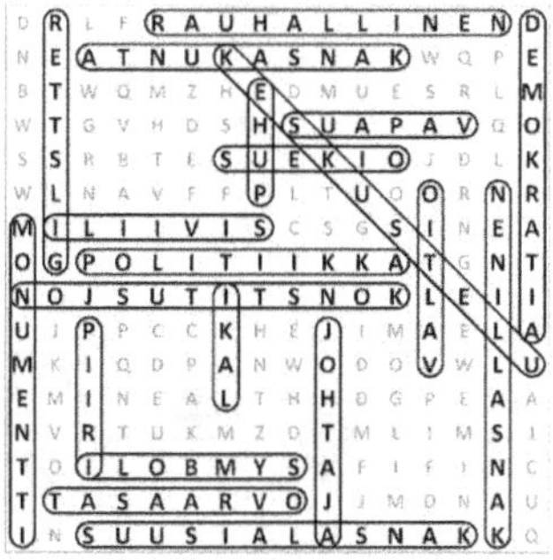

58 - Randonnée

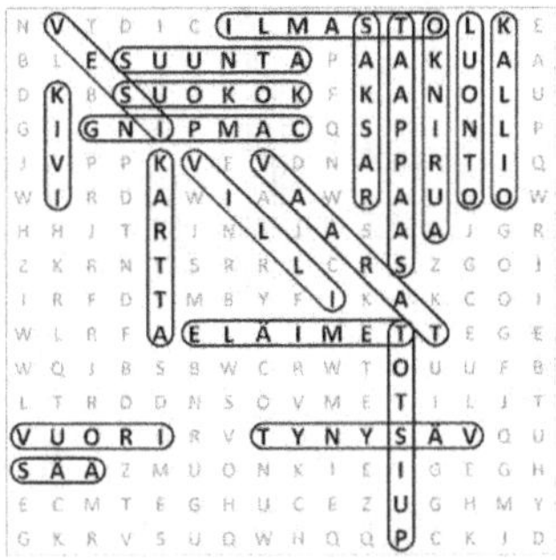

59 - Nutrition

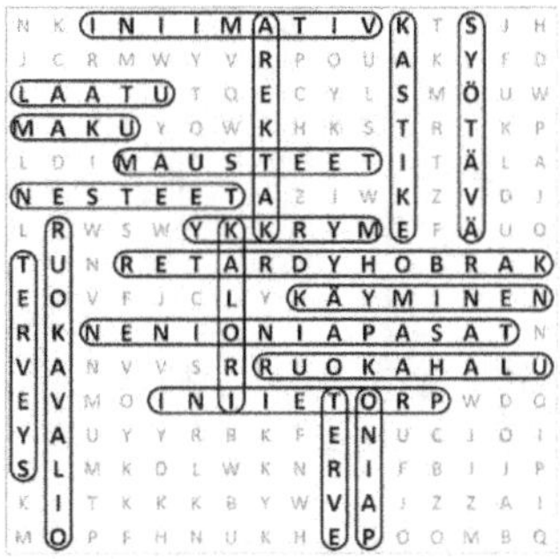

60 - Créativité

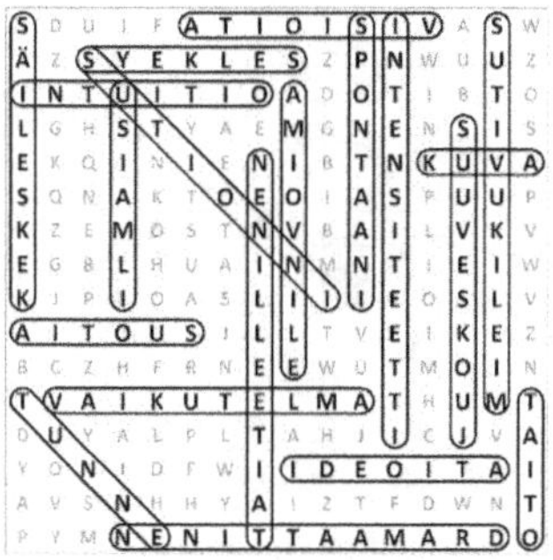

61 - Science Fiction

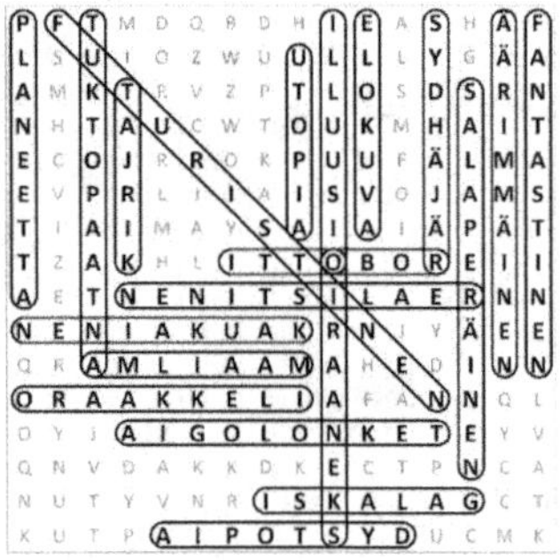

62 - Professions #1

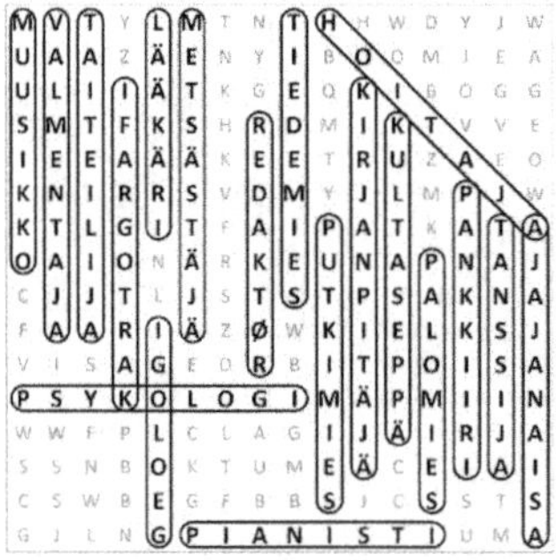

63 - Géologie

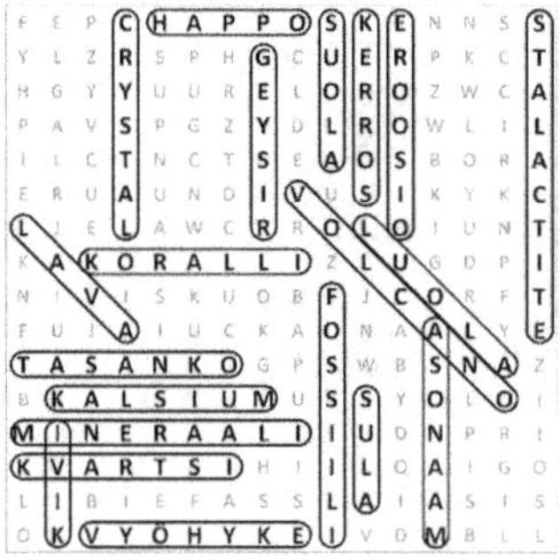

64 - Jardin

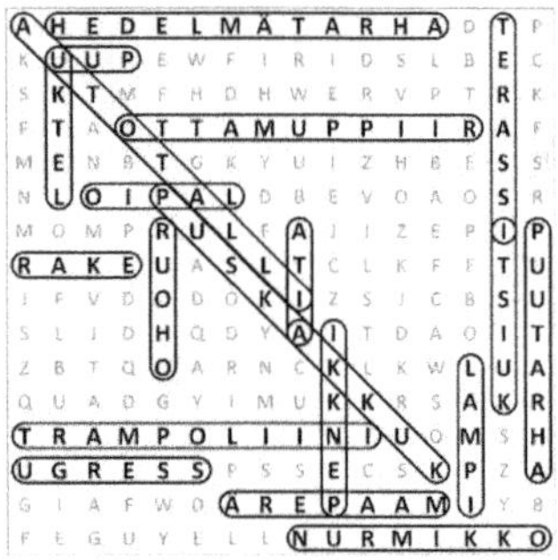

65 - Santé et Bien Être #1

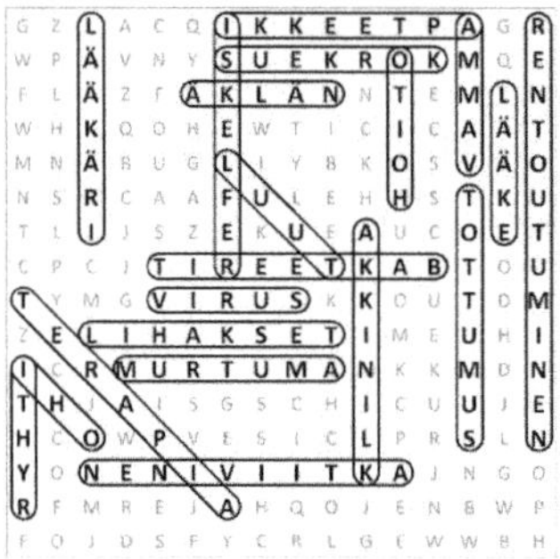

66 - Barbecues

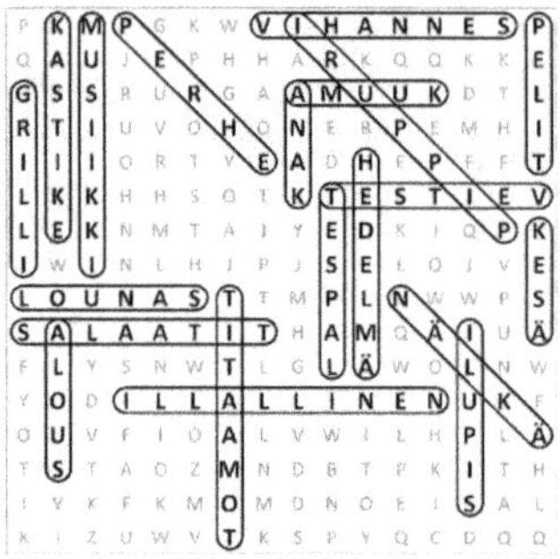

67 - Ferme #1

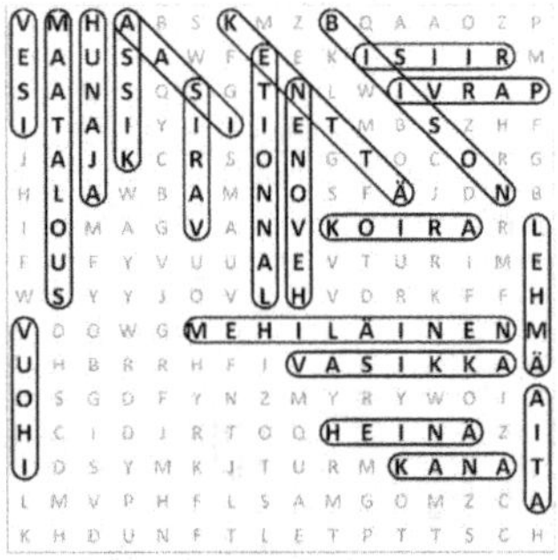

68 - Antarctique

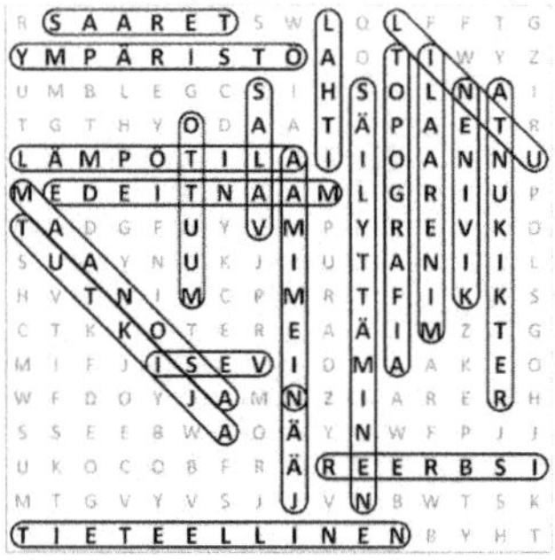

69 - Professions #2

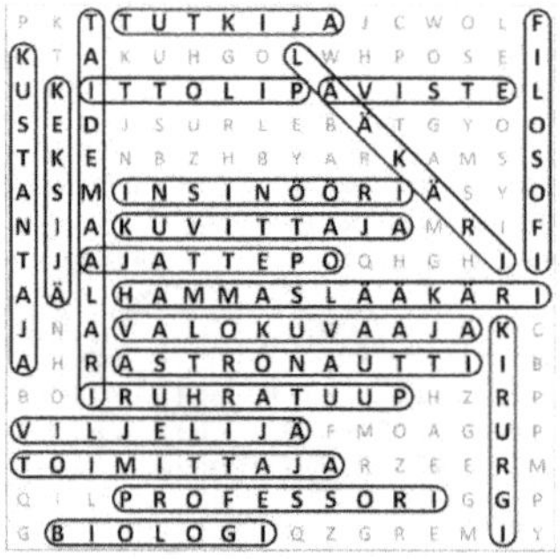

70 - Les Abeilles

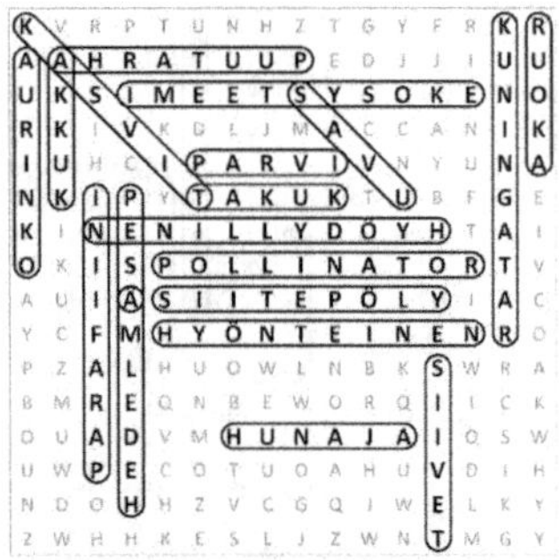

71 - Santé et Bien Être #2

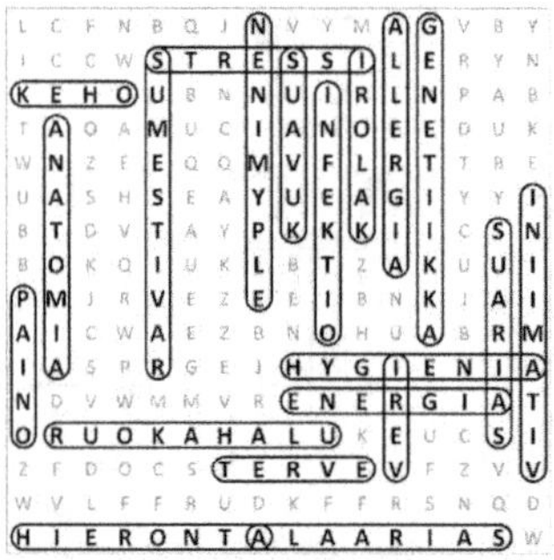

72 - Conduite

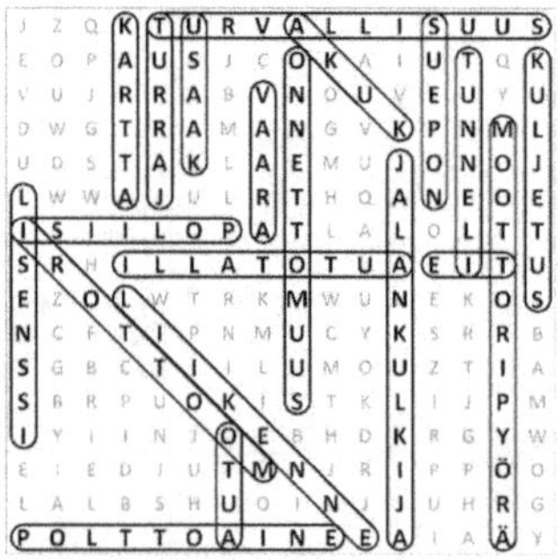

73 - Plantes

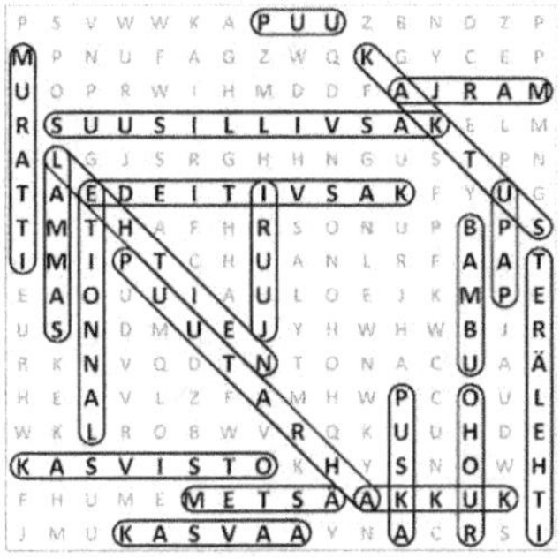

74 - Ferme #2

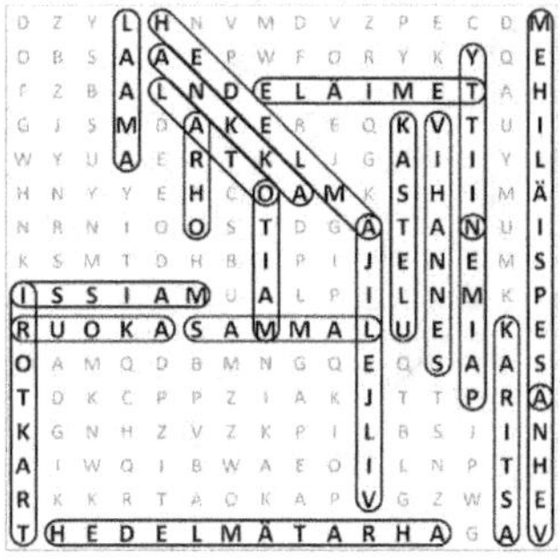

75 - Vacances #2

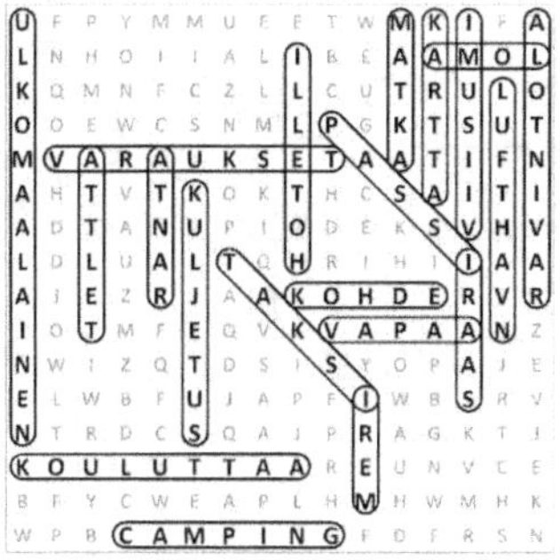

76 - Temps

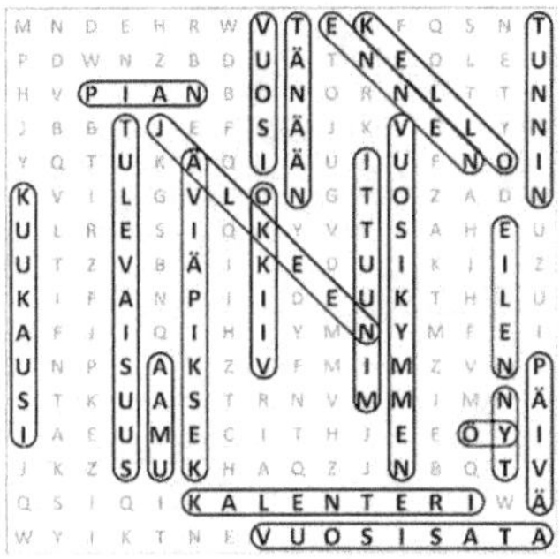

77 - Immigration

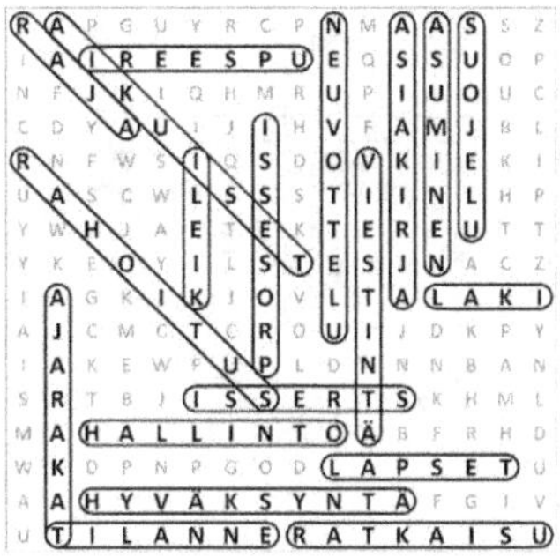

78 - Maison

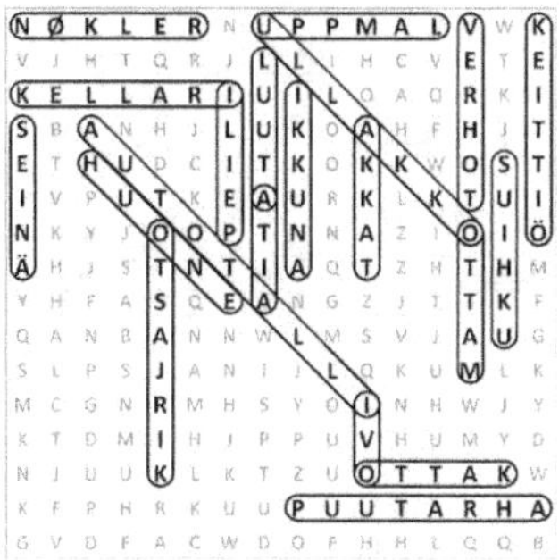

79 - Légumes

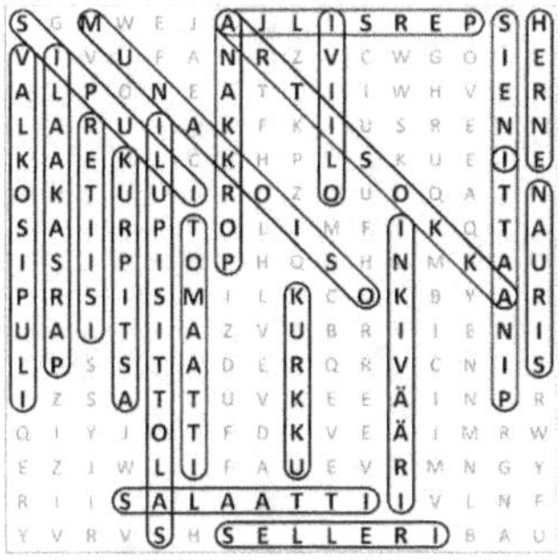

80 - Famille

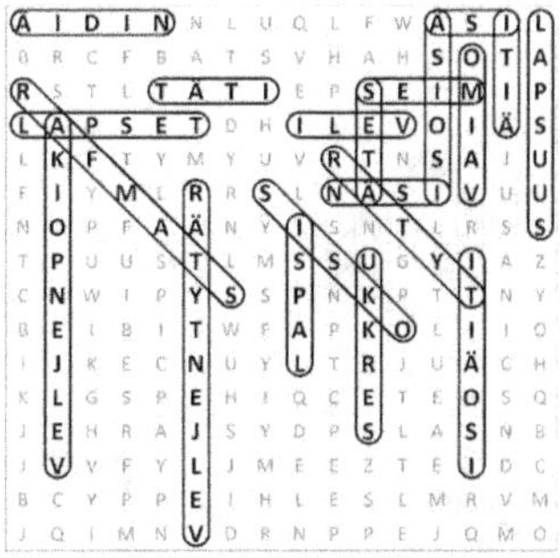

81 - Oiseaux

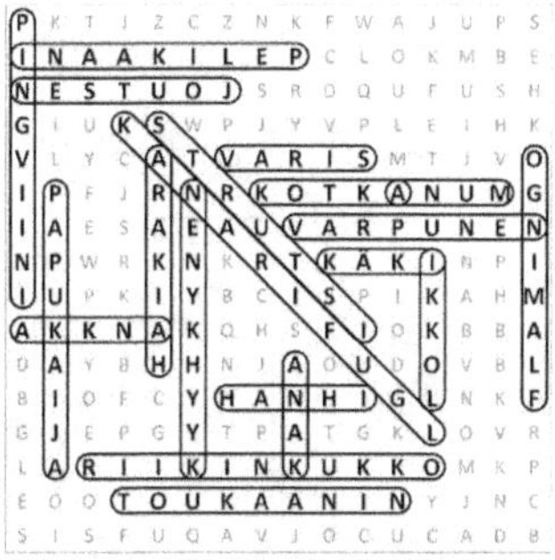

82 - Disciplines Scientifiques

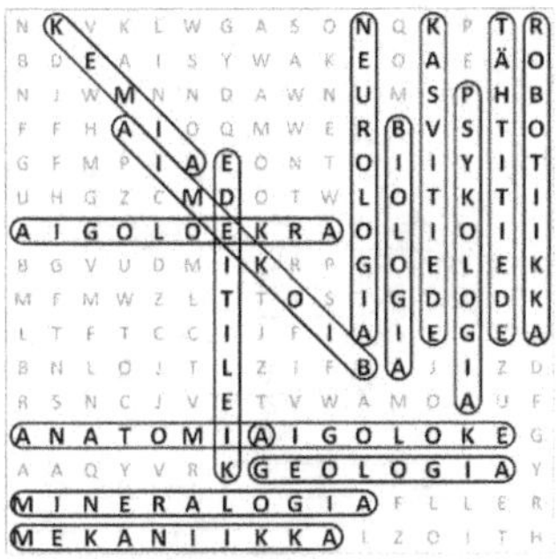

83 - Maladie

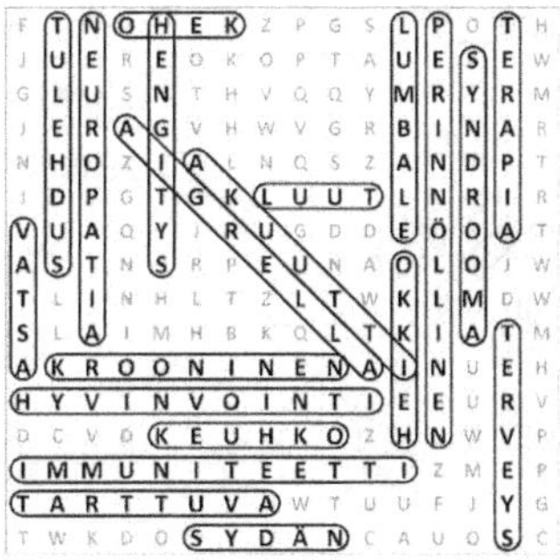

84 - Émotions

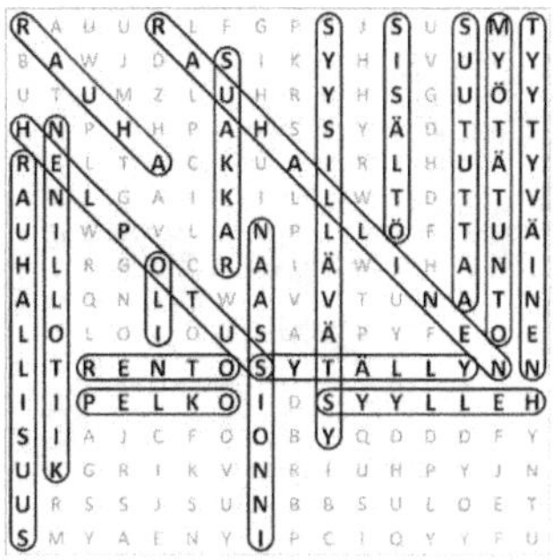

85 - Univers

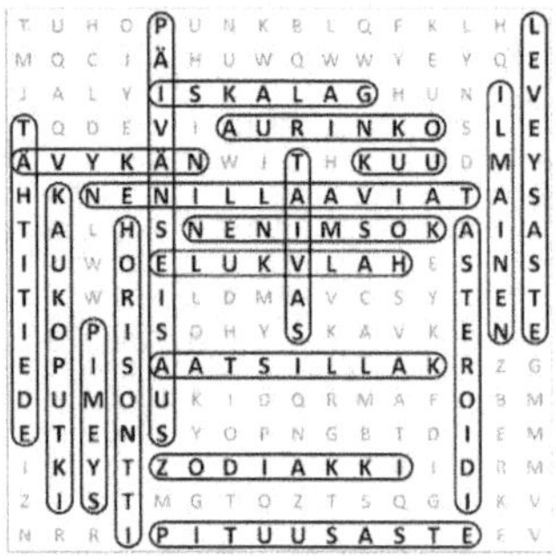

86 - Géographie

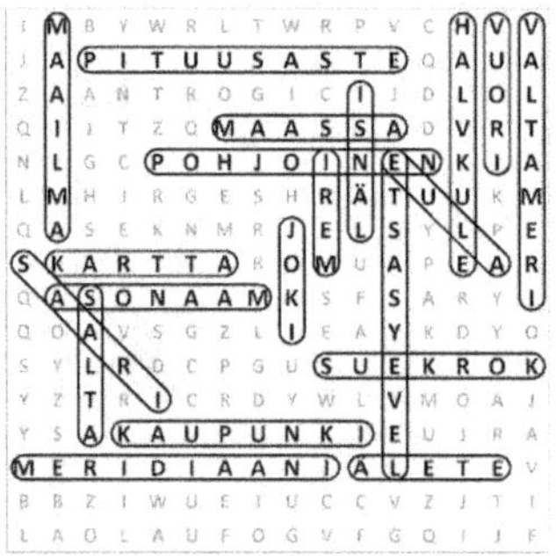

87 - Bâtiments

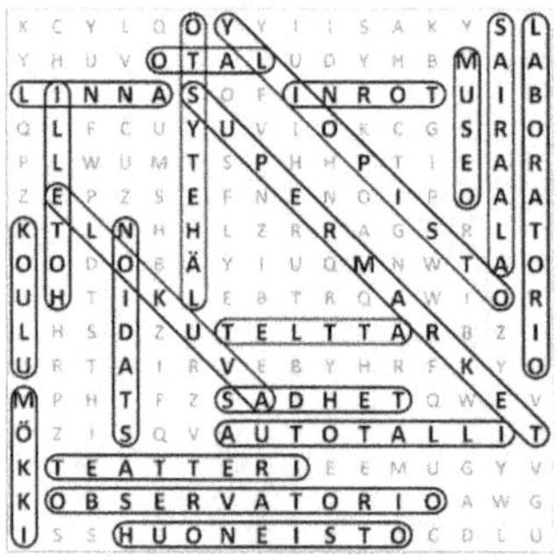

88 - Activités et Loisirs

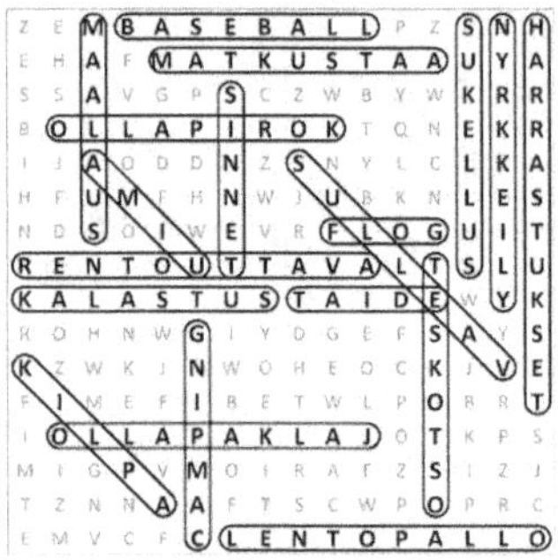

89 - Livres

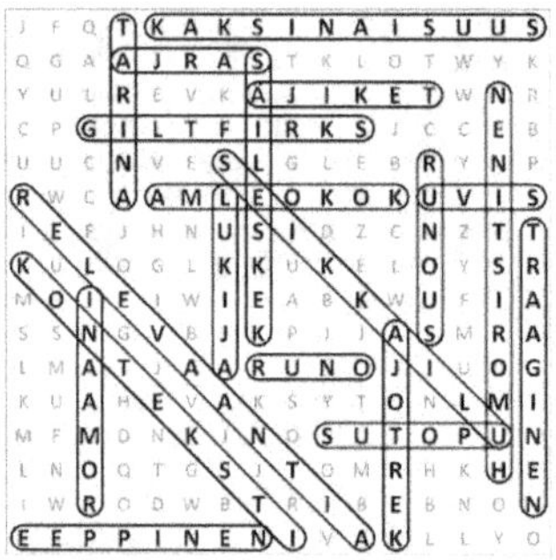

90 - Pays #2

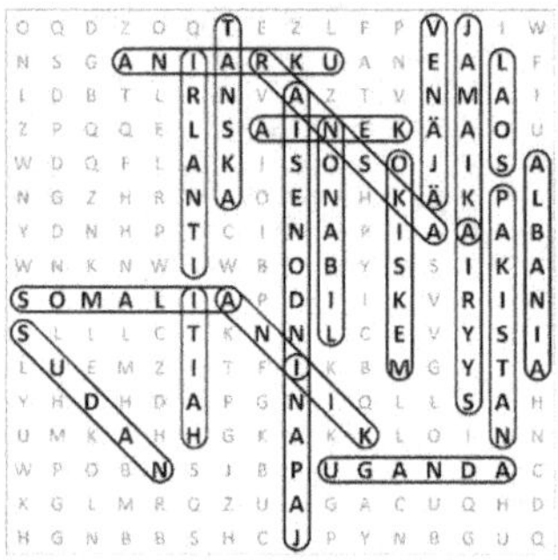

91 - Fournitures d'Art

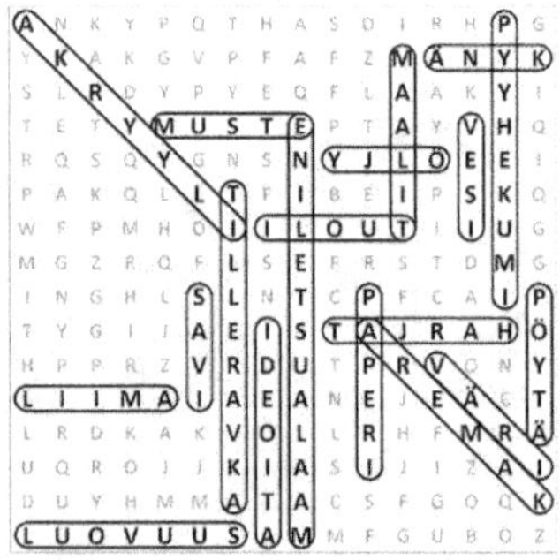

92 - Eau

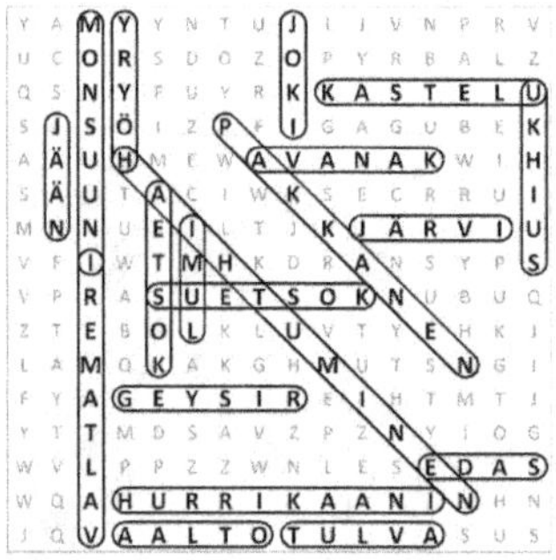

93 - Jazz

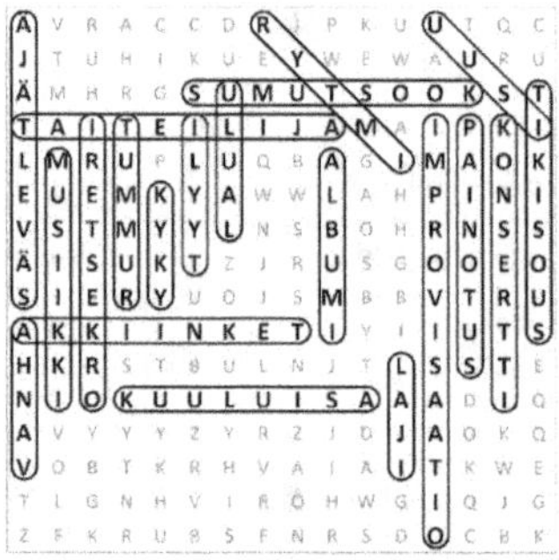

94 - Paysages

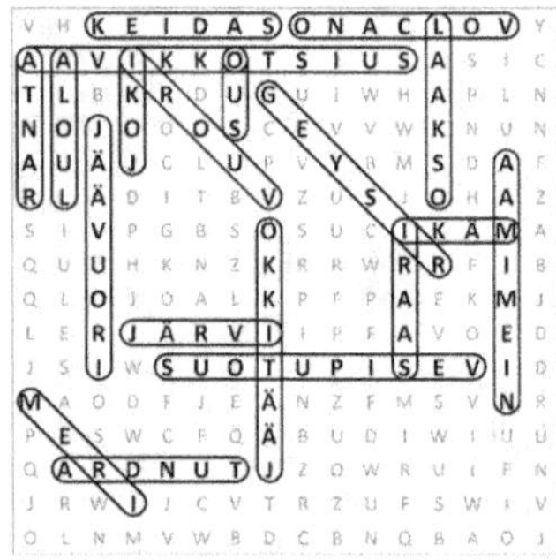

95 - Pays #1

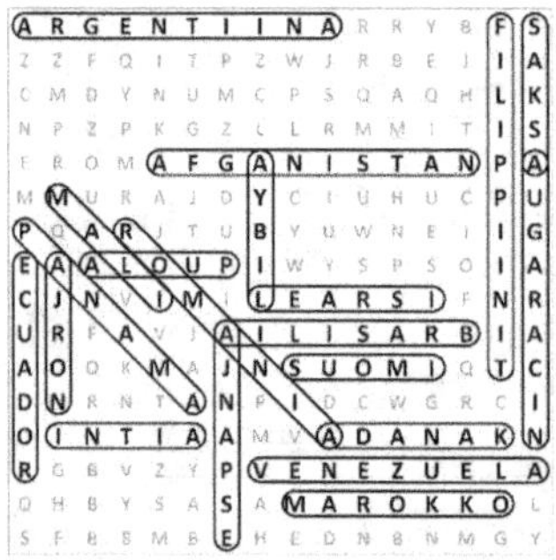

96 - Nombres

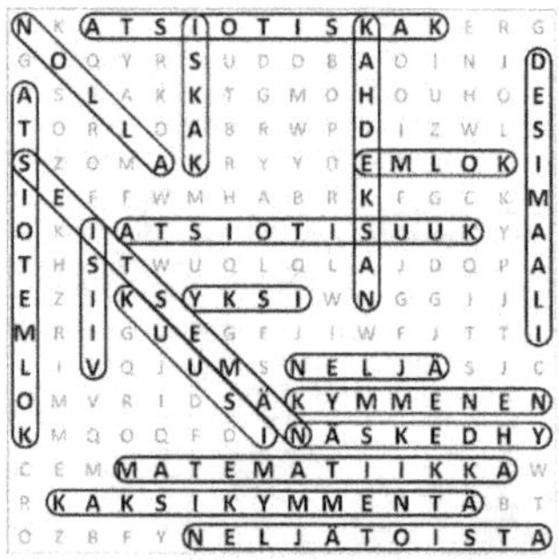

97 - Nature

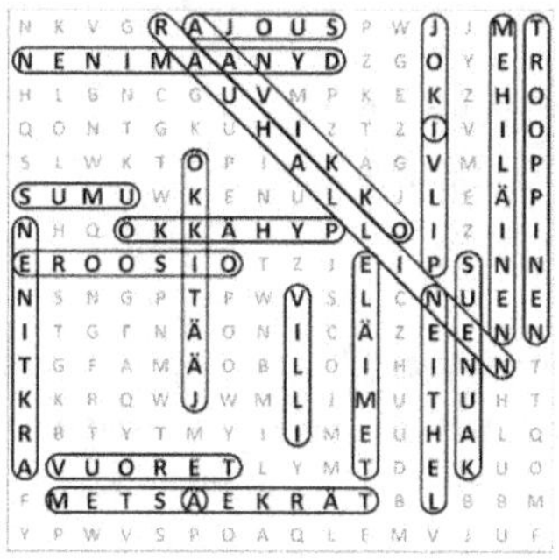

98 - Chimie

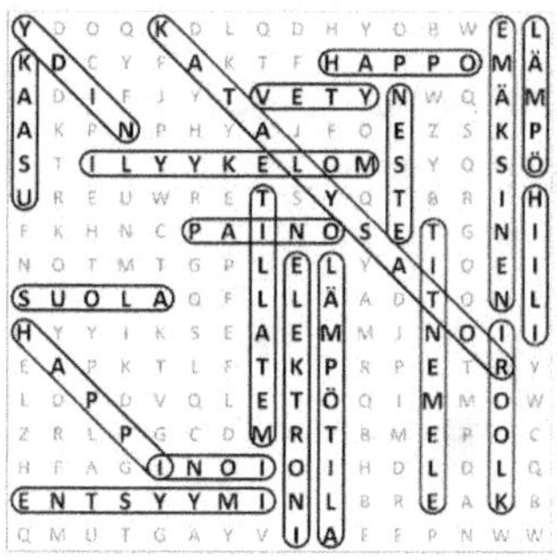

99 - Bateaux

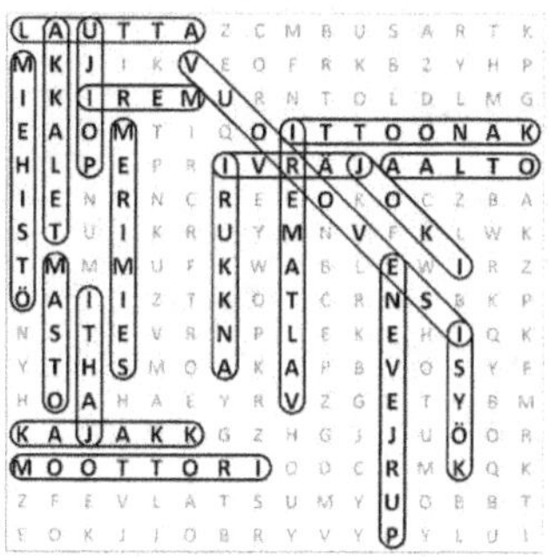

100 - Mesures

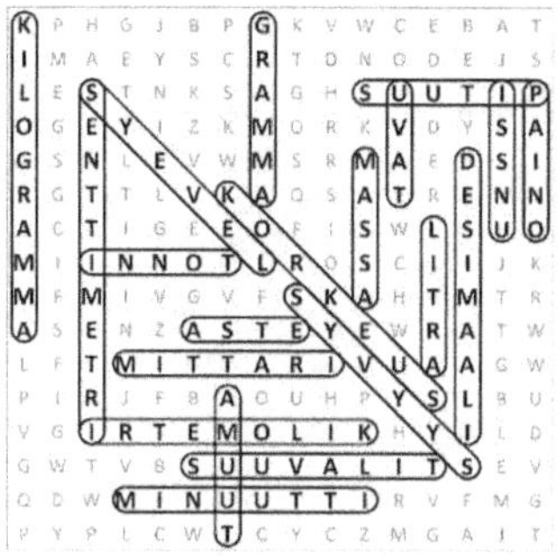

Dictionnaire

Activités
Toiminta

Activité	Toiminta
Art	Taide
Artisanat	Veneet
Camping	Camping
Céramique	Keramiikka
Chasse	Metsästys
Compétence	Taito
Couture	Ompelu
Intérêts	Etu
Jeux	Pelit
Lecture	Lukeminen
Loisir	Vapaa
Magie	Taika
Peinture	Maalaus
Pêche	Kalastus
Photographie	Valokuvaus
Plaisir	Ilo
Randonnée	Vaellus
Relaxation	Rentoutuminen

Activités et Loisirs
Toiminta ja Vapaa-Aika

Achats	Ostokset
Art	Taide
Base-Ball	Baseball
Basket-Ball	Koripallo
Boxe	Nyrkkeily
Camping	Camping
Course	Kilpa
Football	Jalkapallo
Golf	Golf
Nager	Uima
Passe-Temps	Harrastukset
Peinture	Maalaus
Pêche	Kalastus
Plongée	Sukellus
Randonnée	Vaellus
Relaxant	Rentouttava
Surf	Lainelautailu
Tennis	Tennis
Volley-Ball	Lentopallo
Voyage	Matkustaa

Adjectifs #1
Adjektiivit #1

Absolu	Ehdoton
Actif	Aktiivinen
Aromatique	Aromaattinen
Artistique	Taiteellinen
Attractif	Viehättävä
Beau	Kaunis
Exotique	Eksotisk
Énorme	Valtava
Généreux	Antelias
Honnête	Rehellinen
Identique	Identtinen
Important	Tärkeä
Innocent	Viaton
Jeune	Nuori
Lent	Hidas
Lourd	Raskas
Mince	Ohut
Moderne	Moderni
Parfait	Täydellinen
Utile	Apua

Adjectifs #2
Adjektiivit #2

Authentique	Aito
Célèbre	Kuuluisa
Créatif	Luova
Descriptif	Kuvaus
Doué	Lahjakas
Dramatique	Dramaattinen
Élégant	Tyylikäs
Fier	Ylpeä
Fort	Vahva
Naturel	Luonnollinen
Nouveau	Uusi
Productif	Tuottava
Puissant	Voimakas
Pur	Puhdas
Responsable	Vastuullinen
Sain	Terve
Salé	Suolainen
Sauvage	Villi
Sec	Kuiva
Somnolent	Unelias

Agronomie
Agronomia

Agriculture	Maatalous
Croissance	Kasvu
Durable	Kestävä
Eau	Vesi
Engrais	Lannoite
Environnement	Ympäristö
Écologie	Ekologia
Énergie	Energia
Érosion	Eroosio
Étude	Tutkimus
Graines	Siemenet
Légumes	Vihannes
Maladies	Sairaudet
Nourriture	Ruoka
Pollution	Forurensning
Production	Tuotanto
Rural	Maaseudun
Science	Tiede
Sol	Maaperä
Systèmes	Systeemit

Algèbre
Algebra

Diagramme	Kaavio
Exposant	Eksponentti
Équation	Yhtälö
Facteur	Tekijä
Faux	Väärä
Formule	Kaava
Fraction	Jae
Infini	Ääretön
Linéaire	Lineaarinen
Matrice	Matriisi
Nombre	Numero
Parenthèse	Parentes
Problème	Ongelma
Quantité	Määrä
Résoudre	Ratkaista
Solution	Ratkaisu
Somme	Summa
Soustraction	Vähennys
Variable	Muuttuja
Zéro	Nolla

Antarctique
Antarktis

Baie	Lahti
Baleines	Valas
Chercheur	Tutkija
Conservation	Säilyttäminen
Continent	Maanosa
Eau	Vesi
Environnement	Ympäristö
Expédition	Retkikunta
Géographie	Maantiede
Glace	Jään
Glaciers	Isbreer
Îles	Saaret
Migration	Muutto
Minéraux	Mineraali
Oiseaux	Lintu
Péninsule	Niemimaa
Rocheux	Kivinen
Scientifique	Tieteellinen
Température	Lämpötila
Topographie	Topografia

Antiquités
Antiikki

Art	Taide
Authentique	Aito
Bijoux	Korut
Collectionneur	Keräilijä
Décoratif	Koriste
Enchères	Huutokauppa
Élégant	Tyylikäs
Galerie	Galleria
Inhabituel	Epätavallinen
Investissement	Sijoitus
Meubles	Huonekalu
Pièces	Kolikot
Prix	Hinta
Qualité	Laatu
Restauration	Entisöinti
Sculpture	Veistos
Siècle	Vuosisata
Style	Tyyli
Valeur	Arvo
Vieux	Vanha

Archéologie
Arkeologia

Analyse	Analyysi
Ancien	Muinainen
Antiquité	Antiikin
Chercheur	Tutkija
Civilisation	Sivilisaatio
Descendant	Jälkeläinen
Expert	Asiantuntija
Ère	Aikakausi
Équipe	Tiimi
Évaluation	Arviointi
Fossile	Fossiili
Inconnu	Tuntematon
Mystère	Mysteeri
Objets	Objekti
Os	Luut
Oublié	Unohdettu
Professeur	Professori
Relique	Jäänne
Temple	Temppeli
Tombe	Hauta

Arts Visuels
Kuvataide

Architecture	Arkkitehtuuri
Argile	Savi
Artiste	Taiteilija
Céramique	Keramiikka
Chef-D'Œuvre	Mestariteos
Chevalet	Maalausteline
Cire	Parafiini
Composition	Koostumus
Craie	Liitu
Crayon	Lyijykynä
Créativité	Luovuus
Film	Elokuva
Peinture	Maalaus
Perspective	Näkökulma
Photographie	Valokuva
Portrait	Muotokuva
Sculpture	Veistos
Stylo	Kynä
Vernis	Lakka

Astronomie
Tähtitiede

Astéroïde	Asteroidi
Astronaute	Astronautti
Ciel	Taivas
Constellation	Tähdistö
Cosmos	Kosmos
Éclipse	Pimennys
Équinoxe	Jevndøgn
Fusée	Raketti
Galaxie	Galaksi
Lune	Kuu
Météore	Meteori
Nébuleuse	Sumu
Observatoire	Observatorio
Planète	Planeetta
Radiation	Säteily
Satellite	Satelliitti
Solaire	Aurinko
Supernova	Supernova
Terre	Maa
Télescope	Kaukoputki

Aventure
Seikkailu

Activité	Toiminta
Amis	Ystävä
Beauté	Kauneus
Chance	Mahdollisuus
Dangereux	Vaarallinen
Destination	Kohde
Défis	Haasteet
Difficulté	Vaikeus
Enthousiasme	Innostus
Excursion	Retki
Inhabituel	Epätavallinen
Itinéraire	Matka
Joie	Ilo
Nature	Luonto
Navigation	Navigointi
Nouveau	Uusi
Sécurité	Turvallisuus
Surprenant	Yllättävä
Voyages	Matkustaa

Avions
Lentokone

Air	Ilma
Atmosphère	Ilmainen
Atterrissage	Lasku
Aventure	Seikkailu
Ballon	Ilmapallo
Carburant	Polttoaine
Ciel	Taivas
Construction	Rakentaminen
Descente	Laskeutuminen
Direction	Suunta
Équipage	Miehistö
Hauteur	Korkeus
Hélices	Potkuri
Histoire	Historia
Hydrogène	Vety
Moteur	Moottori
Naviguer	Navigoida
Passager	Matkustaja
Pilote	Pilotti
Turbulence	Turbulenssi

Ballet
Baletti

Artistique	Taiteellinen
Ballerine	Ballerina
Chorégraphie	Koreografia
Compétence	Taito
Compositeur	Säveltäjä
Danseurs	Tanssijat
Expressif	Ilmeikäs
Geste	Ele
Intensité	Intensiteetti
Muscles	Lihakset
Musique	Musiikki
Orchestre	Orkesteri
Pratique	Harjoitella
Public	Yleisö
Répétition	Harjoitukset
Rythme	Rytmi
Style	Tyyli
Technique	Tekniikka

Barbecues
Grilli

Chaud	Kuuma
Couteaux	Veitset
Déjeuner	Lounas
Dîner	Illallinen
Enfants	Lapset
Été	Kesä
Faim	Nälkä
Famille	Perhe
Fruit	Hedelmä
Gril	Grilli
Jeux	Pelit
Légumes	Vihannes
Musique	Musiikki
Oignons	Sipuli
Poivre	Pippuri
Poulet	Kana
Salades	Salaatit
Sauce	Kastike
Sel	Suola
Tomates	Tomaatit

Bateaux
Veneitä

Ancre	Ankkuri
Bouée	Poiju
Canoë	Kanootti
Corde	Köysi
Dock	Telakka
Équipage	Miehistö
Fleuve	Joki
Kayak	Kajakk
Lac	Järvi
Marée	Vuorovesi
Marin	Merimies
Mât	Masto
Mer	Meri
Moteur	Moottori
Océan	Valtameri
Radeau	Lautta
Vagues	Aalto
Voilier	Purjevene
Yacht	Jahti

Bâtiments
Rakennukset

Ambassade	Lähetystö
Appartement	Huoneisto
Cabine	Mökki
Château	Linna
Cinéma	Elokuva
École	Koulu
Garage	Autotalli
Grange	Lato
Hôpital	Sairaala
Hôtel	Hotelli
Laboratoire	Laboratorio
Musée	Museo
Observatoire	Observatorio
Stade	Stadion
Supermarché	Supermarket
Tente	Teltta
Théâtre	Teatteri
Tour	Torni
Université	Yliopisto
Usine	Tehdas

Beauté
Kauneus

Boucles	Kiharat
Charme	Viehätys
Ciseaux	Sakset
Cosmétique	Kosmetiikka
Couleur	Väri
Élégance	Eleganssi
Élégant	Tyylikäs
Grâce	Armo
Huiles	Öljyt
Lisse	Sileä
Maquillage	Meikki
Mascara	Ripsiväri
Miroir	Peili
Parfum	Tuoksu
Peau	Iho
Photogénique	Fotogen
Rouge à Lèvres	Leppestift
Services	Palvelut
Shampooing	Shampoo
Styliste	Stylisti

Biologie
Biologia

Anatomie	Anatomia
Bactéries	Bakteerit
Cellule	Solu
Chromosome	Kromosomi
Collagène	Kollageeni
Embryon	Alkio
Enzyme	Entsyymi
Évolution	Evoluutio
Hormone	Hormoni
Mammifère	Nisäkäs
Mutation	Mutaatio
Naturel	Luonnollinen
Nerf	Hermo
Neurone	Neuroni
Osmose	Osmoosi
Photosynthèse	Fotosynteesi
Protéine	Proteiini
Reptile	Matelija
Symbiose	Symbioosi
Synapse	Synapsi

Camping
Telttailu

Animaux	Eläimet
Aventure	Seikkailu
Boussole	Kompassi
Cabine	Mökki
Canoë	Kanootti
Carte	Kartta
Chapeau	Hattu
Chasse	Metsästys
Corde	Köysi
Équipement	Laitteet
Feu	Antaa Potkut
Forêt	Metsä
Hamac	Riippumatto
Insecte	Hyönteinen
Lac	Järvi
Lanterne	Lyhty
Lune	Kuu
Montagne	Vuori
Nature	Luonto
Tente	Teltta

Chimie
Kemia

Acide	Happo
Alcalin	Emäksinen
Carbone	Hiili
Catalyseur	Katalysator
Chaleur	Lämpö
Chlore	Kloori
Enzyme	Entsyymi
Électron	Elektroni
Éléments	Elementit
Gaz	Kaasu
Hydrogène	Vety
Ion	Ioni
Liquide	Neste
Métaux	Metallit
Molécule	Molekyyli
Nucléaire	Ydin
Oxygène	Happi
Poids	Paino
Sel	Suola
Température	Lämpötila

Chocolat
Suklaa

Amer	Katkera
Arôme	Aromi
Artisanal	Artisanal
Cacahuètes	Maapähkinät
Cacao	Kaakao
Calories	Kalori
Caramel	Karamelli
Délicieux	Herkullinen
Doux	Makea
Envie	Himo
Exotique	Eksotisk
Favori	Suosikki
Goût	Maku
Ingrédient	Ainesosa
Noix de Coco	Kokosnøtt
Poudre	Jauhe
Qualité	Laatu
Recette	Resepti
Sucre	Sokeri

Conduite
Ajo

Accident	Onnettomuus
Camion	Kuka
Carburant	Polttoaine
Carte	Kartta
Danger	Vaara
Freins	Jarrut
Garage	Autotalli
Gaz	Kaasu
Licence	Lisenssi
Moteur	Moottori
Moto	Moottoripyörä
Piéton	Jalankulkija
Police	Poliisi
Route	Tie
Sécurité	Turvallisuus
Trafic	Liikenne
Transport	Kuljetus
Tunnel	Tunneli
Vitesse	Nopeus
Voiture	Auto

Corps Humain
Ihmiskehon

Bouche	Suu
Cerveau	Aivot
Cheville	Nilkka
Cou	Kaula
Coude	Kyynärpää
Cœur	Sydän
Doigt	Sormi
Estomac	Vatsa
Épaule	Olkapää
Genou	Polvi
Langue	Kieli
Lèvres	Huulet
Main	Käsi
Menton	Leuka
Nez	Nenä
Oreille	Korva
Peau	Iho
Sang	Veri
Tête	Pää
Visage	Kasvot

Créativité
Luovuus

Artistique	Taiteellinen
Authenticité	Aitous
Clarté	Selkeys
Compétence	Taito
Dramatique	Dramaattinen
Expression	Ilmaisu
Fluidité	Juoksevuus
Idées	Ideoita
Image	Kuva
Imagination	Mielikuvitus
Impression	Vaikutelma
Inspiration	Innoitus
Intensité	Intensiteetti
Intuition	Intuitio
Inventif	Kekseliäs
Sensation	Tunne
Spontané	Spontaani
Visions	Visioita
Vitalité	Elinvoima

Cuisine
Keittiö

Baguettes	Syömäpuikot
Bol	Kulho
Bouilloire	Kattila
Congélateur	Pakastin
Couteaux	Veitset
Cruche	Kannu
Cuillères	Lusikat
Épices	Mausteet
Éponge	Sieni
Four	Uuni
Fourchettes	Gafler
Gril	Grilli
Louche	Kauha
Nourriture	Ruoka
Pot	Purkki
Recette	Resepti
Réfrigérateur	Jääkaappi
Serviette	Lautasliina
Tablier	Esiliina
Tasses	Kupit

Diplomatie
Diplomatia

Allié	Liittolainen
Ambassade	Lähetystö
Campagnes	Kampanjat
Citoyens	Borgere
Communauté	Yhteisö
Conflit	Konflikti
Conseiller	Neuvonantaja
Coopération	Yhteistyö
Discussion	Keskustelu
Éthique	Etiikka
Étranger	Ulkomainen
Gouvernement	Hallitus
Intégrité	Eheys
Justice	Oikeus
Langues	Kieli
Politique	Politiikka
Résolution	Päätös
Sécurité	Turvallisuus
Solution	Ratkaisu
Traité	Sopimus

Disciplines Scientifiques
Tieteelliset Alat

Anatomie	Anatomia
Archéologie	Arkeologia
Astronomie	Tähtitiede
Biochimie	Biokemia
Biologie	Biologia
Botanique	Kasvitiede
Chimie	Kemia
Écologie	Ekologia
Géologie	Geologia
Immunologie	Immunologia
Linguistique	Kielitiede
Mécanique	Mekaniikka
Météorologie	Meteorologia
Minéralogie	Mineralogia
Neurologie	Neurologia
Physiologie	Fysiologia
Psychologie	Psykologia
Robotique	Robotiikka
Sociologie	Sosiologia
Zoologie	Eläintiede

Eau
Vesi

Canal	Kanava
Douche	Suihku
Évaporation	Haihtuminen
Fleuve	Joki
Gel	Pakkanen
Geyser	Geysir
Glace	Jään
Humide	Kostea
Humidité	Kosteus
Inondation	Tulva
Irrigation	Kastelu
Lac	Järvi
Mousson	Monsuuni
Neige	Lumi
Océan	Valtameri
Ouragan	Hurrikaani
Pluie	Sade
Vagues	Aalto
Vapeur	Höyry

Entreprise
Liiketoimintaa

Argent	Raha
Boutique	Myymälä
Budget	Budsjett
Bureau	Toimisto
Carrière	Ura
Coût	Kustannus
Devise	Valuutta
Employeur	Työnantaja
Employé	Työntekijä
Entreprise	Yhtiö
Économie	Talous
Finance	Rahoitus
Impôts	Verot
Investissement	Sijoitus
Marchandise	Tavara
Profit	Voitto
Revenu	Tulo
Transaction	Kauppa
Usine	Tehdas
Vente	Myynti

Échecs
Shakki

Adversaire	Vastustaja
Apprendre	Oppia
Blanc	Valkoinen
Champion	Mestari
Concours	Kilpailu
Défis	Haasteet
Diagonal	Diagonaalinen
Jeu	Peli
Joueur	Pelaaja
Noir	Musta
Passif	Passiivinen
Reine	Kuningatar
Règles	Säännöt
Roi	Kuningas
Sacrifice	Uhrata
Stratégie	Strategia
Temps	Aika
Tournoi	Turnaus

Électricité
Sähköt

Aimant	Magneetti
Batterie	Akku
Câble	Kaapeli
Électricien	Sähköasentaja
Électrique	Sähköinen
Équipement	Laitteet
Fils	Johdot
Générateur	Generaattori
Lampe	Lamppu
Laser	Laser
Négatif	Negatiivinen
Objets	Objekti
Positif	Positiivinen
Prise	Pistorasia
Quantité	Määrä
Réseau	Verkko
Stockage	Varastointi
Téléphone	Puhelin
Télévision	Televisio

Émotions
Tunteita

Amour	Rakkaus
Calme	Rauhallinen
Colère	Suututtaa
Contenu	Sisältö
Détendu	Rento
Ennui	Ikävystyminen
Excité	Innoissaan
Gentillesse	Ystävällisyys
Joie	Ilo
Paix	Rauha
Peur	Pelko
Reconnaissant	Kiitollinen
Relief	Helpotus
Satisfait	Tyytyväinen
Surprise	Yllätys
Sympathie	Myötätunto
Tendresse	Hellyys
Tranquillité	Rauhallisuus
Tristesse	Surullisuus

Énergie
Energiaa

Batterie	Akku
Carbone	Hiili
Carburant	Polttoaine
Chaleur	Lämpö
Diesel	Diesel
Entropie	Entropia
Environnement	Ympäristö
Essence	Bensiini
Électrique	Sähköinen
Électron	Elektroni
Hydrogène	Vety
Industrie	Industri
Moteur	Moottori
Nucléaire	Ydin
Photon	Fotoni
Pollution	Forurensning
Renouvelable	Uusiutuva
Soleil	Aurinko
Turbine	Turbiini
Vent	Tuuli

Épices
Mausteita

Aigre	Hapan
Ail	Valkosipuli
Amer	Katkera
Anis	Anis
Cannelle	Kaneli
Cardamome	Kardemumma
Coriandre	Korianteri
Cumin	Kumina
Curcuma	Kurkuma
Curry	Curry
Fenouil	Fenkoli
Gingembre	Inkivääri
Oignon	Sipuli
Paprika	Paprika
Poivre	Pippuri
Réglisse	Lakritsi
Safran	Maustesahrami
Saveur	Maku
Sel	Suola
Vanille	Vanilja

Famille
Perhe

Ancêtre	Stamfar
Cousin	Serkku
Enfance	Lapsuus
Enfant	Lapsi
Enfants	Lapset
Femme	Vaimo
Fille	Tytär
Frère	Veli
Grand-Mère	Isoäiti
Grand-Père	Isoisä
Mari	Mies
Maternel	Äidin
Mère	Äiti
Neveu	Veljenpoika
Nièce	Veljentytär
Oncle	Setä
Paternel	Isän
Père	Isä
Soeur	Sisko
Tante	Täti

Ferme #1
Maatila nro 1

Abeille	Mehiläinen
Agriculture	Maatalous
Âne	Aasi
Bison	Biison
Champ	Kenttä
Chat	Kissa
Cheval	Hevonen
Chèvre	Vuohi
Chien	Koira
Clôture	Aita
Corbeau	Varis
Eau	Vesi
Engrais	Lannoite
Foin	Heinä
Miel	Hunaja
Poulet	Kana
Riz	Riisi
Troupeau	Parvi
Vache	Lehmä
Veau	Vasikka

Ferme #2
Maatila # 2

Agneau	Karitsa
Agriculteur	Viljelijä
Animaux	Eläimet
Berger	Paimen
Blé	Vehnä
Canard	Ankka
Fruit	Hedelmä
Grange	Lato
Irrigation	Kastelu
Lait	Maito
Lama	Laama
Légume	Vihannes
Maïs	Maissi
Mouton	Lammas
Nourriture	Ruoka
Orge	Ohra
Pré	Niitty
Ruche	Mehiläispesä
Tracteur	Traktori
Verger	Hedelmätarha

Fleurs
Kukkia

Bouquet	Kimppu
Gardénia	Gardenia
Hibiscus	Hibiscus
Jasmin	Jasmiini
Lavande	Laventeli
Lilas	Liila
Lys	Lilja
Magnolia	Magnolia
Marguerite	Päivänkakkara
Orchidée	Orkidea
Pavot	Unikko
Pétale	Terälehti
Pissenlit	Voikukka
Pivoine	Pioni
Plumeria	Plumeria
Rose	Ruusu
Tournesol	Auringonkukka
Trèfle	Apila
Tulipe	Tulppaani

Force et Gravité
Voima ja Painovoima

Axe	Akseli
Centre	Keskusta
Découverte	Löytö
Distance	Etäisyys
Dynamique	Dynaaminen
Expansion	Laajennus
Élan	Vauhti
Friction	Kitka
Impact	Vaikutus
Magnétisme	Magnetismi
Magnitude	Suuruus
Mécanique	Mekaniikka
Mouvement	Liike
Physique	Fysiikka
Poids	Paino
Pression	Paine
Propriétés	Kiinteistö
Temps	Aika
Universel	Yleistä
Vitesse	Nopeus

Formes
Muodot

Arc	Kaari
Bords	Reunat
Carré	Neliö
Cercle	Ympyrä
Coin	Kulma
Courbe	Käyrä
Cône	Kartio
Côté	Side
Cube	Kuutio
Cylindre	Sylinteri
Ellipse	Ellipsi
Hyperbole	Hyperbeli
Ligne	Linja
Ovale	Soikea
Polygone	Monikulmio
Prisme	Prisma
Pyramide	Pyramidi
Rectangle	Suorakulmio
Triangle	Kolmio

Fournitures d'Art
Taide-Tarvikkeet

Acrylique	Akryyli
Aquarelles	Akvarellit
Argile	Savi
Brosses	Harjat
Caméra	Kamera
Chaise	Tuoli
Chevalet	Maalausteline
Colle	Liima
Couleurs	Väri
Crayons	Kynä
Créativité	Luovuus
Eau	Vesi
Encre	Muste
Gomme	Pyyhekumi
Huile	Öljy
Idées	Ideoita
Papier	Paperi
Peinture	Maalit
Table	Pöytä

Fruit
Hedelmä

Abricot	Aprikoosi
Ananas	Ananas
Avocat	Avokado
Baie	Marja
Banane	Banaani
Cerise	Kirsikka
Citron	Sitruuna
Figue	Viikuna
Framboise	Vadelma
Goyave	Guava
Kiwi	Kiivi
Mangue	Mango
Melon	Meloni
Nectarine	Nektariini
Orange	Oranssi
Pêche	Persikka
Poire	Päärynä
Pomme	Omena
Prune	Luumu
Raisin	Rypäle

Géographie
Maantiede

Altitude	Korkeus
Atlas	Atlas
Carte	Kartta
Continent	Maanosa
Fleuve	Joki
Hémisphère	Halvkule
Île	Saari
Latitude	Leveysaste
Longitude	Pituusaste
Mer	Meri
Méridien	Meridiaani
Monde	Maailma
Montagne	Vuori
Nord	Pohjoinen
Océan	Valtameri
Ouest	Länsi
Pays	Maassa
Région	Alue
Sud	Etelä
Ville	Kaupunki

Géologie
Geologia

Acide	Happo
Calcium	Kalsium
Caverne	Luola
Continent	Maanosa
Corail	Koralli
Couche	Kerros
Cristaux	Crystal
Érosion	Eroosio
Fondu	Sula
Fossile	Fossiili
Geyser	Geysir
Lave	Lava
Minéraux	Mineraali
Pierre	Kivi
Plateau	Tasanko
Quartz	Kvartsi
Sel	Suola
Stalactite	Stalactite
Volcan	Volcano
Zone	Vyöhyke

Géométrie
Geometria

Angle	Kulma
Calcul	Laskeminen
Cercle	Ympyrä
Courbe	Käyrä
Diamètre	Halkaisija
Dimension	Ulottuvuus
Équation	Yhtälö
Hauteur	Korkeus
Logique	Logiikka
Masse	Massa
Médian	Mediaani
Nombre	Numero
Parallèle	Rinnakkainen
Proportion	Osa
Segment	Segmentti
Surface	Pinta
Symétrie	Symmetria
Théorie	Teoria
Triangle	Kolmio
Vertical	Loddrett

Gouvernement
Hallitus

Citoyenneté	Kansalaisuus
Civil	Siviili-
Constitution	Konstitusjon
Démocratie	Demokratia
Discours	Puhe
Discussion	Keskustelu
District	Piiri
Égalité	Tasa-Arvo
État	Valtio
Judiciaire	Rettslig
Justice	Oikeus
Leader	Johtaja
Liberté	Vapaus
Loi	Laki
Monument	Monumentti
Nation	Kansakunta
National	Kansallinen
Paisible	Rauhallinen
Politique	Politiikka
Symbole	Symboli

Herboristerie
Herbalismi

Ail	Valkosipuli
Aromatique	Aromaattinen
Basilic	Basilika
Bénéfique	Hyödyllinen
Culinaire	Kulinaarinen
Estragon	Rakuuna
Fenouil	Fenkoli
Fleur	Kukka
Ingrédient	Ainesosa
Jardin	Puutarha
Lavande	Laventeli
Marjolaine	Meirami
Menthe	Minttu
Persil	Persilja
Qualité	Laatu
Romarin	Rosmariini
Safran	Maustesahrami
Saveur	Maku
Thym	Timjami
Vert	Vihreä

Immigration
Maahanmuuttovirasto

Administration	Hallinto
Adultes	Aikuiset
Approbation	Hyväksyntä
Communication	Viestintä
Date Limite	Takaraja
Documents	Asiakirja
Enfants	Lapset
Financement	Rahoitus
Frontières	Raja
Langue	Kieli
Logement	Asuminen
Loi	Laki
Négociation	Neuvottelu
Officier	Upseeri
Processus	Prosessi
Protection	Suojelu
Situation	Tilanne
Solution	Ratkaisu
Stress	Stressi

Ingénierie
Suunnittelu

Angle	Kulma
Axe	Akseli
Calcul	Laskeminen
Construction	Rakentaminen
Diagramme	Kaavio
Diamètre	Halkaisija
Diesel	Diesel
Distribution	Jakelu
Engrenages	Vaihde
Énergie	Energia
Force	Vahvuus
Liquide	Neste
Machine	Kone
Mesure	Mittaus
Moteur	Moottori
Profondeur	Syvyys
Propulsion	Propulsio
Rotation	Kierto
Stabilité	Vakaus
Structure	Rakenne

Instruments de Musique
Soittimet

Banjo	Banjo
Basson	Fagotti
Clarinette	Klarinetti
Flûte	Huilu
Gong	Gong
Guitare	Kitara
Harmonica	Huuliharppu
Harpe	Harppu
Hautbois	Oboe
Mandoline	Mandoliini
Marimba	Marimba
Piano	Piano
Saxophone	Saksofoni
Tambour	Rumpu
Tambourin	Tamburiini
Trombone	Pasuuna
Trompette	Trumpetti
Violon	Viulu
Violoncelle	Sello

Jardin
Puutarha

Arbre	Puu
Banc	Penkki
Buisson	Puska
Clôture	Aita
Étang	Lampi
Fleur	Kukka
Garage	Autotalli
Hamac	Riippumatto
Herbe	Ruoho
Jardin	Puutarha
Mauvaises Herbes	Ugress
Pelle	Lapio
Pelouse	Nurmikko
Porche	Kuisti
Râteau	Rake
Sol	Maaperä
Terrasse	Terassi
Trampoline	Trampoliini
Tuyau	Letku
Verger	Hedelmätarha

Jazz
Jazz

Accent	Painotus
Album	Albumi
Artiste	Taiteilija
Célèbre	Kuuluisa
Chanson	Laulu
Compositeur	Säveltäjä
Composition	Koostumus
Concert	Konsertti
Favoris	Suosikit
Genre	Laji
Improvisation	Improvisaatio
Musique	Musiikki
Nouveau	Uusi
Orchestre	Orkesteri
Rythme	Rytmi
Style	Tyyli
Talent	Kyky
Tambours	Rummut
Technique	Tekniikka
Vieux	Vanha

Jours et Mois
Päivät ja Kuukaudet

Août	Elokuu
Avril	Huhtikuu
Calendrier	Kalenteri
Dimanche	Sunnuntai
Février	Helmikuu
Janvier	Tammikuu
Jeudi	Torstai
Juillet	Heinäkuu
Juin	Kesäkuu
Lundi	Maanantai
Mardi	Tiistai
Mars	Maaliskuu
Mercredi	Keskiviikko
Mois	Kuukausi
Novembre	Marraskuu
Octobre	Lokakuu
Samedi	Lauantai
Semaine	Viikko
Septembre	Syyskuu
Vendredi	Perjantai

Les Abeilles
Mehiläiset

Ailes	Siivet
Bénéfique	Hyödyllinen
Cire	Parafiini
Essaim	Parvi
Écosystème	Ekosysteemi
Fleur	Kukka
Fleurs	Kukat
Fruit	Hedelmä
Fumée	Savu
Insecte	Hyönteinen
Jardin	Puutarha
Miel	Hunaja
Nourriture	Ruoka
Plantes	Kasvit
Pollen	Siitepöly
Pollinisateur	Pollinator
Reine	Kuningatar
Ruche	Pesä
Soleil	Aurinko

Les Médias
Media

Attitudes	Asenteet
Commercial	Kaupallinen
Communication	Viestintä
En Ligne	Verkossa
Édition	Painos
Éducation	Koulutus
Faits	Fakta
Financement	Rahoitus
Individuel	Yksilö
Industrie	Industri
Intellectuel	Älyllinen
Journaux	Sanomalehti
Local	Paikallinen
Numérique	Digitaalinen
Opinion	Lausunto
Photos	Kuvat
Public	Julkinen
Radio	Radio
Réseau	Verkko
Télévision	Televisio

Légumes
Vihannekset

Ail	Valkosipuli
Artichaut	Artisokka
Aubergine	Munakoiso
Brocoli	Parsakaali
Carotte	Porkkana
Céleri	Selleri
Champignon	Sieni
Citrouille	Kurpitsa
Concombre	Kurkku
Échalote	Salottisipuli
Épinard	Pinaatti
Gingembre	Inkivääri
Navet	Nauris
Oignon	Sipuli
Olive	Oliivi
Persil	Persilja
Pois	Herne
Radis	Retiisi
Salade	Salaatti
Tomate	Tomaatti

Littérature
Kirjallisuus

Analogie	Analogia
Analyse	Analyysi
Anecdote	Anekdootti
Auteur	Tekijä
Biographie	Elämäkerta
Comparaison	Vertailu
Conclusion	Päätelmä
Description	Kuvaus
Dialogue	Dialog
Fiction	Fiktiota
Métaphore	Metafora
Narrateur	Kertoja
Poème	Runo
Poétique	Runollinen
Rime	Loppusointu
Roman	Romaani
Rythme	Rytmi
Style	Tyyli
Thème	Teema
Tragédie	Tragedia

Livres
Kirjat

Auteur	Tekijä
Aventure	Seikkailu
Collection	Kokoelma
Contexte	Konteksti
Dualité	Kaksinaisuus
Écrit	Skriftlig
Épique	Eeppinen
Histoire	Tarina
Humoristique	Humoristinen
Immersion	Upotus
Inventif	Kekseliäs
Lecteur	Lukija
Narrateur	Kertoja
Page	Sivu
Pertinent	Relevaantia
Poème	Runo
Poésie	Runous
Roman	Romaani
Série	Sarja
Tragique	Traaginen

Maison
Talo

Balai	Luuta
Bibliothèque	Kirjasto
Chambre	Huone
Cheminée	Takka
Clés	Nøkler
Clôture	Aita
Cuisine	Keittiö
Douche	Suihku
Fenêtre	Ikkuna
Garage	Autotalli
Grenier	Ullakko
Jardin	Puutarha
Lampe	Lamppu
Miroir	Peili
Mur	Seinä
Porte	Ovi
Rideaux	Verhot
Sous-Sol	Kellari
Tapis	Matto
Toit	Katto

Maladie
Sairaus

Abdominal	Vatsa
Aigu	Akuutti
Allergies	Allergia
Bien-Être	Hyvinvointi
Chronique	Krooninen
Contagieux	Tarttuva
Corps	Keho
Cœur	Sydän
Faible	Heikko
Héréditaire	Perinnöllinen
Immunité	Immuniteetti
Inflammation	Tulehdus
Lombaire	Lumbale
Neuropathie	Neuropatia
Os	Luut
Pulmonaire	Keuhko
Respiratoire	Hengitys
Santé	Terveys
Syndrome	Syndrooma
Thérapie	Terapia

Mammifères
Merinisäkkäiden

Baleine	Valas
Chat	Kissa
Cheval	Hevonen
Chien	Koira
Coyote	Kojootti
Dauphin	Delfiini
Éléphant	Norsu
Girafe	Kirahvi
Gorille	Gorilla
Kangourou	Kenguru
Lapin	Kani
Lion	Leijona
Loup	Susi
Mouton	Lammas
Ours	Karhu
Renard	Kettu
Singe	Apina
Taureau	Härkä
Tigre	Tiikeri
Zèbre	Seepra

Mathématiques
Matematiikka

Angles	Kulmat
Arithmétique	Aritmeettinen
Carré	Neliö
Circonférence	Ympärysmitta
Décimal	Desimaali
Diamètre	Halkaisija
Exposant	Eksponentti
Équation	Yhtälö
Fraction	Jae
Géométrie	Geometria
Parallèle	Rinnakkainen
Parallélogramme	Suunnikas
Périmètre	Kehä
Polygone	Monikulmio
Rayon	Säde
Rectangle	Suorakulmio
Somme	Summa
Symétrie	Symmetria
Triangle	Kolmio
Volume	Tilavuus

Mesures
Mittaus

Centimètre	Senttimetri
Degré	Aste
Décimal	Desimaali
Gramme	Gramma
Hauteur	Korkeus
Kilogramme	Kilogramma
Kilomètre	Kilometri
Largeur	Leveys
Litre	Litra
Longueur	Pituus
Masse	Massa
Mètre	Mittari
Minute	Minuutti
Octet	Tavu
Once	Unssi
Poids	Paino
Pouce	Tuuma
Profondeur	Syvyys
Tonne	Tonni
Volume	Tilavuus

Méditation
Meditaatio

Acceptation	Hyväksyminen
Attention	Huomio
Calme	Rauhallinen
Clarté	Selkeys
Compassion	Myötätunto
Esprit	Mieli
Émotions	Tunne
Éveillé	Hereillä
Gentillesse	Ystävällisyys
Gratitude	Kiitollisuus
Mental	Henkistä
Mouvement	Liike
Musique	Musiikki
Nature	Luonto
Observation	Havainto
Paix	Rauha
Perspective	Näkökulma
Posture	Ryhti
Respiration	Hengitys
Silence	Hiljaisuus

Météo
Sää

Arc-En-Ciel	Sateenkaari
Atmosphère	Ilmainen
Brouillard	Sumu
Calme	Rauhallinen
Ciel	Taivas
Climat	Ilmasto
Glace	Jään
Inondation	Tulva
Mousson	Monsuuni
Nuage	Pilvi
Ouragan	Hurrikaani
Polaire	Polar
Sec	Kuiva
Sécheresse	Kuivuus
Température	Lämpötila
Tempête	Myrsky
Tonnerre	Ukkonen
Tornade	Tornado
Tropical	Trooppinen
Vent	Tuuli

Mode
Muoti

Abordable	Edullinen
Boutique	Boutique
Boutons	Painikkeet
Broderie	Broderi
Cher	Kallis
Confortable	Mukava
Dentelle	Pitsi
Élégant	Tyylikäs
Mesures	Mitat
Moderne	Moderni
Modeste	Vaatimaton
Modèle	Kuvio
Original	Alkuperäinen
Pratique	Praktisk
Sophistiqué	Hienostunut
Style	Tyyli
Tendance	Suuntaus
Texture	Rakenne
Tissu	Kangas
Vêtements	Vaate

Musique
Musiikki

Album	Albumi
Ballade	Balladi
Chanter	Laulaa
Chanteur	Laulaja
Classique	Klassinen
Enregistrement	Äänite
Harmonie	Harmonia
Harmonique	Harmoninen
Instrument	Väline
Lyrique	Lyyrinen
Mélodie	Melodia
Microphone	Mikrofoni
Musical	Musiikki
Musicien	Muusikko
Opéra	Ooppera
Poétique	Runollinen
Rythme	Rytmi
Rythmique	Rytminen
Tempo	Tempo
Vocal	Laulu

Mythologie
Mytologia

Archétype	Arketype
Catastrophe	Katastrofi
Création	Luominen
Créature	Olento
Croyances	Uskomukset
Culture	Kulttuuri
Divinités	Jumalat
Éclair	Salama
Force	Vahvuus
Guerrier	Soturi
Héroïne	Sankaritar
Héros	Sankari
Jalousie	Kateus
Labyrinthe	Labyrintti
Légende	Legenda
Magique	Maaginen
Monstre	Hirviö
Mortel	Kuolevainen
Tonnerre	Ukkonen
Vengeance	Kosto

Nature
Luonto

Abeilles	Mehiläinen
Abri	Suoja
Animaux	Eläimet
Arctique	Arktinen
Beauté	Kauneus
Brouillard	Sumu
Désert	Aavikko
Dynamique	Dynaaminen
Érosion	Eroosio
Feuillage	Lehtien
Fleuve	Joki
Forêt	Metsä
Glacier	Jäätikkö
Montagnes	Vuoret
Nuage	Pilvi
Sanctuaire	Pyhäkkö
Sauvage	Villi
Serein	Rauhallinen
Tropical	Trooppinen
Vital	Tärkeä

Nombres
Numerot

Cinq	Viisi
Deux	Kaksi
Décimal	Desimaali
Dix	Kymmenen
Douze	Kaksitoista
Huit	Kahdeksan
Math	Matematiikka
Neuf	Yhdeksän
Quatorze	Neljätoista
Quatre	Neljä
Quinze	Viisitoista
Seize	Kuusitoista
Sept	Seitsemän
Six	Kuusi
Treize	Kolmetoista
Trois	Kolme
Un	Yksi
Vingt	Kaksikymmentä
Zéro	Nolla

Nourriture #1
Ruoka #1

Ail	Valkosipuli
Basilic	Basilika
Café	Kahvi
Cannelle	Kaneli
Carotte	Porkkana
Citron	Sitruuna
Épinard	Pinaatti
Fraise	Mansikka
Jus	Mehu
Lait	Maito
Navet	Nauris
Oignon	Sipuli
Orge	Ohra
Poire	Päärynä
Salade	Salaatti
Sel	Suola
Soupe	Suppe
Sucre	Sokeri
Thon	Tunfisk
Viande	Liha

Nourriture #2
Ruoka #2

Amande	Manteli
Aubergine	Munakoiso
Banane	Banaani
Blé	Vehnä
Brocoli	Parsakaali
Cerise	Kirsikka
Céleri	Selleri
Champignon	Sieni
Chocolat	Suklaa
Jambon	Kinkku
Kiwi	Kiivi
Mangue	Mango
Oeuf	Muna
Pain	Leipä
Poisson	Kala
Pomme	Omena
Poulet	Kana
Raisin	Rypäle
Riz	Riisi
Tomate	Tomaatti

Nutrition
Ravitsemus

Amer	Katkera
Appétit	Ruokahalu
Calories	Kalori
Comestible	Syötävä
Diète	Ruokavalio
Digestion	Ruoansulatus
Épices	Mausteet
Équilibré	Tasapainoinen
Fermentation	Käyminen
Glucides	Karbohydrater
Liquides	Nesteet
Poids	Paino
Protéines	Proteiini
Qualité	Laatu
Sain	Terve
Santé	Terveys
Sauce	Kastike
Saveur	Maku
Toxine	Myrkky
Vitamine	Vitamiini

Océan
Valtameri

Anguille	Ankerias
Baleine	Valas
Bateau	Vene
Corail	Koralli
Crabe	Rapu
Crevette	Katkaravut
Dauphin	Delfiini
Éponge	Sieni
Huître	Osteri
Marées	Tidevann
Méduse	Manet
Poisson	Kala
Poulpe	Mustekala
Requin	Hai
Récif	Riutta
Sel	Suola
Tempête	Myrsky
Thon	Tunfisk
Tortue	Kilpikonna
Vagues	Aalto

Oiseaux
Linnut

Aigle	Kotka
Autruche	Strutsi
Canard	Ankka
Canari	Kanarifugl
Cigogne	Haikara
Corbeau	Varis
Coucou	Käki
Cygne	Joutsen
Flamant	Flamingo
Manchot	Pingviini
Moineau	Varpunen
Mouette	Lokki
Oeuf	Muna
Oie	Hanhi
Paon	Riikinkukko
Perroquet	Papukaija
Pélican	Pelikaani
Pigeon	Kyyhkynen
Poulet	Kana
Toucan	Toukaanin

Pays #1
Maat #1

Afghanistan	Afganistan
Allemagne	Saksa
Argentine	Argentiina
Brésil	Brasilia
Canada	Kanada
Espagne	Espanja
Équateur	Ecuador
Finlande	Suomi
Inde	Intia
Israël	Israel
Libye	Libya
Mali	Mali
Maroc	Marokko
Nicaragua	Nicaragua
Norvège	Norja
Panama	Panama
Philippines	Filippiinit
Pologne	Puola
Roumanie	Romania
Venezuela	Venezuela

Pays #2
Maat #2

Albanie	Albania
Chine	Kiina
Danemark	Tanska
France	Ranska
Haïti	Haiti
Indonésie	Indonesia
Irlande	Irlanti
Jamaïque	Jamaika
Japon	Japani
Kenya	Kenia
Laos	Laos
Liban	Libanon
Mexique	Meksiko
Ouganda	Uganda
Pakistan	Pakistan
Russie	Venäjä
Somalie	Somalia
Soudan	Sudan
Syrie	Syyria
Ukraine	Ukraina

Paysages
Maisemat

Cascade	Vesiputous
Colline	Mäki
Désert	Aavikko
Estuaire	Suisto
Fleuve	Joki
Geyser	Geysir
Glacier	Jäätikkö
Grotte	Luola
Iceberg	Jäävuori
Île	Saari
Lac	Järvi
Marais	Suo
Mer	Meri
Montagne	Vuori
Oasis	Keidas
Péninsule	Niemimaa
Plage	Ranta
Toundra	Tundra
Vallée	Laakso
Volcan	Volcano

Photographie
Valokuvaus

Adoucir	Pehmentää
Cadre	Kehys
Caméra	Kamera
Composition	Koostumus
Contraste	Kontrasti
Couleur	Väri
Définition	Määritelmä
Exposition	Näyttely
Éclairage	Valaistus
Format	Muoto
Noir	Musta
Objet	Esine
Obscurité	Pimeys
Ombre	Varjo
Perspective	Näkökulma
Portrait	Muotokuva
Sujet	Aihe
Texture	Rakenne
Visuel	Visuaalinen

Physique
Fysiikka

Accélération	Kiihdytys
Atome	Atomi
Chaos	Kaaos
Chimique	Kemiallinen
Densité	Tiheys
Électron	Elektroni
Formule	Kaava
Fréquence	Taajuus
Gaz	Kaasu
Gravité	Painovoima
Magnétisme	Magnetismi
Masse	Massa
Mécanique	Mekaniikka
Molécule	Molekyyli
Moteur	Moottori
Nucléaire	Ydin
Particule	Hiukkanen
Relativité	Suhteellisuus
Universel	Yleistä
Vitesse	Nopeus

Plantes
Kasveja

Arbre	Puu
Baie	Marja
Bambou	Bambu
Botanique	Kasvitiede
Buisson	Puska
Cactus	Kaktus
Engrais	Lannoite
Feuillage	Lehtien
Fleur	Kukka
Flore	Kasvisto
Forêt	Metsä
Grandir	Kasvaa
Haricot	Papu
Herbe	Ruoho
Jardin	Puutarha
Lierre	Muratti
Mousse	Sammal
Pétale	Terälehti
Racine	Juuri
Végétation	Kasvillisuus

Professions #1
Ammatit nro 1

Artiste	Taiteilija
Avocat	Asianajaja
Banquier	Pankkiiri
Bijoutier	Kultaseppä
Cartographe	Kartografi
Chasseur	Metsästäjä
Comptable	Kirjanpitäjä
Danseur	Tanssija
Entraîneur	Valmentaja
Éditeur	Redaktør
Géologue	Geologi
Infirmière	Hoitaja
Médecin	Lääkäri
Musicien	Muusikko
Pianiste	Pianisti
Plombier	Putkimies
Pompier	Palomies
Psychologue	Psykologi
Scientifique	Tiedemies
Vétérinaire	Eläinlääkäri

Professions #2
Ammatit #2

Agriculteur	Viljelijä
Astronaute	Astronautti
Biologiste	Biologi
Chercheur	Tutkija
Chirurgien	Kirurgi
Dentiste	Hammaslääkäri
Détective	Etsivä
Enseignant	Opettaja
Éditeur	Kustantaja
Illustrateur	Kuvittaja
Ingénieur	Insinööri
Inventeur	Keksijä
Jardinier	Puutarhuri
Journaliste	Toimittaja
Médecin	Lääkäri
Peintre	Taidemaalari
Philosophe	Filosofi
Photographe	Valokuvaaja
Pilote	Pilotti
Professeur	Professori

Randonnée
Patikointi

Animaux	Eläimet
Bottes	Saappaat
Camping	Camping
Carte	Kartta
Climat	Ilmasto
Dangers	Vaarat
Eau	Vesi
Falaise	Kallio
Fatigué	Väsynyt
Lourd	Raskas
Météo	Sää
Montagne	Vuori
Nature	Luonto
Orientation	Suunta
Parcs	Puistot
Pierres	Kivi
Sauvage	Villi
Soleil	Aurinko
Sommet	Kokous

Restaurant #2
Ravintola nro 2

Boisson	Juoma
Chaise	Tuoli
Cuillère	Lusikka
Déjeuner	Lounas
Délicieux	Herkullinen
Dîner	Illallinen
Eau	Vesi
Épices	Mausteet
Fourchette	Haarukka
Fruit	Hedelmä
Gâteau	Kakku
Glace	Jään
Légumes	Vihannes
Nouilles	Nuudelit
Oeuf	Munat
Poisson	Kala
Salade	Salaatti
Sel	Suola
Serveur	Tarjoilija
Soupe	Suppe

Réchauffement Climatique
Maapallon Lämpeneminen

Arctique	Arktinen
Attention	Huomio
Climat	Ilmasto
Crise	Kriisi
Développement	Kehitys
Données	Tiedot
Environnemental	Ympäristö
Énergie	Energia
Futur	Tulevaisuus
Gaz	Kaasu
Générations	Sukupolvi
Gouvernement	Hallitus
Industrie	Industri
Législation	Lainsäädäntö
Maintenant	Nyt
Populations	Väestö
Scientifique	Tiedemies
Significatif	Merkittävä
Températures	Lämpötilat

Santé et Bien-Être #1
Terveys ja Hyvinvointi #1

Actif	Aktiivinen
Bactéries	Bakteerit
Blessure	Vamma
Clinique	Klinikka
Faim	Nälkä
Fracture	Murtuma
Habitude	Tottumus
Hauteur	Korkeus
Médecin	Lääkäri
Médicament	Lääke
Muscles	Lihakset
Os	Luut
Peau	Iho
Pharmacie	Apteekki
Posture	Ryhti
Relaxation	Rentoutuminen
Réflexe	Refleksi
Thérapie	Terapia
Traitement	Hoito
Virus	Virus

Santé et Bien-Être #2
Terveys ja Hyvinvointi #2

Allergie	Allergia
Anatomie	Anatomia
Appétit	Ruokahalu
Calorie	Kalori
Corps	Keho
Déshydratation	Kuvaus
Énergie	Energia
Génétique	Genetiikka
Hôpital	Sairaala
Hygiène	Hygienia
Infection	Infektio
Maladie	Sairaus
Massage	Hieronta
Nutrition	Ravitsemus
Poids	Paino
Récupération	Elpyminen
Sain	Terve
Sang	Veri
Stress	Stressi
Vitamine	Vitamiini

Science
Tiede

Atome	Atomi
Chimique	Kemiallinen
Climat	Ilmasto
Données	Tiedot
Expérience	Koe
Évolution	Evoluutio
Fait	Tosiasia
Fossile	Fossiili
Gravité	Painovoima
Hypothèse	Hypoteesi
Laboratoire	Laboratorio
Méthode	Menetelmä
Minéraux	Mineraali
Molécules	Molekyyli
Nature	Luonto
Observation	Havainto
Organisme	Organismi
Particules	Hiukset
Physique	Fysiikka
Scientifique	Tiedemies

Science-Fiction
Tieteiskirjallisuus

Cinéma	Elokuva
Dystopie	Dystopia
Explosion	Räjähdys
Extrême	Äärimmäinen
Fantastique	Fantastinen
Feu	Antaa Potkut
Futuriste	Futuristinen
Galaxie	Galaksi
Illusion	Illuusio
Livres	Kirjat
Lointain	Kaukainen
Monde	Maailma
Mystérieux	Salaperäinen
Oracle	Oraakkeli
Planète	Planeetta
Réaliste	Realistinen
Robots	Robotti
Scénario	Skenaario
Technologie	Teknologia
Utopie	Utopia

Sport
Urheilu

Athlète	Urheilija
Capacité	Kyky
Cardiovasculaire	Sydän
Corps	Keho
Cyclisme	Pyöräily
Danse	Tanssit
Diète	Ruokavalio
Endurance	Kestävyys
Entraîneur	Valmentaja
Étirement	Venyttely
Force	Vahvuus
Jogging	Hölkkä
Maximiser	Maksimoida
Muscles	Lihakset
Nutrition	Ravitsemus
Objectif	Tavoite
Os	Luut
Programme	Ohjelmoida
Santé	Terveys
Sports	Urheilu

Technologie
Teknologia

Blog	Blogi
Caméra	Kamera
Curseur	Kursori
Données	Tiedot
Écran	Näyttö
Fichier	Tiedosto
Internet	Internet
Logiciel	Ohjelmisto
Message	Viesti
Navigateur	Selain
Numérique	Digitaalinen
Octets	Tavua
Ordinateur	Tietokone
Police	Fontti
Recherche	Tutkimus
Sécurité	Turvallisuus
Statistiques	Tilastot
Virtuel	Virtuaalinen
Virus	Virus

Temps
Aika

Année	Vuosi
Après	Jälkeen
Aujourd'Hui	Tänään
Avant	Ennen
Bientôt	Pian
Calendrier	Kalenteri
Décennie	Vuosikymmen
Futur	Tulevaisuus
Heure	Tunnin
Hier	Eilen
Horloge	Kello
Jour	Päivä
Maintenant	Nyt
Matin	Aamu
Midi	Keskipäivä
Minute	Minuutti
Mois	Kuukausi
Nuit	Yö
Semaine	Viikko
Siècle	Vuosisata

Types de Cheveux
Hiusten Tyypit

Argent	Hopea
Blanc	Valkoinen
Blond	Vaalea
Boucles	Kiharat
Brillant	Kiiltävä
Chauve	Kalju
Coloré	Värillinen
Court	Lyhyt
Doux	Pehmeä
Épais	Paksu
Frisé	Kihara
Gris	Harmaa
Long	Pitkä
Marron	Ruskea
Mince	Ohut
Noir	Musta
Ondulé	Aaltoileva
Sain	Terve
Sec	Kuiva
Tressé	Punottu

Univers
Maailmankaikkeus

Astéroïde	Asteroidi
Astronomie	Tähtitiede
Atmosphère	Ilmainen
Céleste	Taivaallinen
Ciel	Taivas
Cosmique	Kosminen
Équateur	Päiväntasaaja
Galaxie	Galaksi
Hémisphère	Halvkule
Horizon	Horisontti
Inclinaison	Kallistaa
Latitude	Leveysaste
Longitude	Pituusaste
Lune	Kuu
Obscurité	Pimeys
Solaire	Aurinko
Solstice	Päivänseisaus
Télescope	Kaukoputki
Visible	Näkyvä
Zodiaque	Zodiakki

Vacances #2
Loma #2

Aéroport	Lufthavn
Camping	Camping
Carte	Kartta
Destination	Kohde
Étranger	Ulkomaalainen
Hôtel	Hotelli
Île	Saari
Loisir	Vapaa
Mer	Meri
Passeport	Passi
Plage	Ranta
Restaurant	Ravintola
Réservations	Varaukset
Taxi	Taksi
Tente	Teltta
Train	Kouluttaa
Transport	Kuljetus
Vacances	Loma
Visa	Viisumi
Voyage	Matka

Véhicules
Ajoneuvot

Ambulance	Ambulanssi
Avion	Lentokone
Bateau	Vene
Bus	Bussi
Camion	Kuka
Fusée	Raketti
Hélicoptère	Helikopteri
Métro	Metro
Moteur	Moottori
Navette	Sukkula
Pneus	Renkaat
Radeau	Lautta
Scooter	Scooter
Sous-Marin	Sukellusvene
Taxi	Taksi
Tracteur	Traktori
Train	Kouluttaa
Van	Varebil
Vélo	Polkupyörä
Voiture	Auto

Vêtements
Vaatteensa

Bijoux	Korut
Bracelet	Armbånd
Ceinture	Vyö
Chapeau	Hattu
Chaussure	Kenkä
Chemise	Paita
Chemisier	Pusero
Collier	Kaulakoru
Foulard	Huivi
Gants	Käsineet
Jeans	Farkut
Jupe	Hame
Mode	Muoti
Pantalon	Housut
Pull	Villapaita
Pyjama	Pyjama
Robe	Mekko
Sandales	Sandaalit
Tablier	Esiliina
Veste	Takki

Ville
Kaupunki

Aéroport	Lufthavn
Banque	Pankki
Bibliothèque	Kirjasto
Boulangerie	Leipomo
Cinéma	Elokuva
Clinique	Klinikka
École	Koulu
Galerie	Galleria
Hôtel	Hotelli
Librairie	Kirjakauppa
Marché	Markkina
Musée	Museo
Pharmacie	Apteekki
Restaurant	Ravintola
Salon	Salonki
Stade	Stadion
Supermarché	Supermarket
Théâtre	Teatteri
Université	Yliopisto
Zoo	Eläintarha

Félicitations

Vous avez réussi !

Nous espérons que vous avez apprécié ce livre autant que nous avons pris plaisir à le concevoir. Nous faisons de notre mieux pour créer des livres de la meilleure qualité possible.
Cette édition est conçue pour permettre un apprentissage intelligent et de qualité en se divertissant !

Vous avez aimé ce livre ?

Une Simple Demande

Nos livres existent grâce aux avis que vous publiez. Pourriez-vous nous aider en laissant un avis maintenant ?

Voici un lien rapide qui vous mènera à votre page d'évaluation de vos commandes :

BestBooksActivity.com/Avis50

CHALLENGE FINAL !

Défi n°1

Êtes-vous prêt pour votre jeu bonus ? Nous les utilisons tout le temps mais ils ne sont pas si faciles à trouver. Voici les Synonymes !

Notez 5 mots que vous avez trouvés dans les puzzles notés ci-dessous (n°21, n°36, n°76) et essayez de trouver 2 synonymes pour chaque mot.

*Notez 5 Mots du **Puzzle 21***

Mots	Synonyme 1	Synonyme 2

*Notez 5 Mots du **Puzzle 36***

Mots	Synonyme 1	Synonyme 2

*Notez 5 Mots du **Puzzle 76***

Mots	Synonyme 1	Synonyme 2

Défi n°2

Maintenant que vous vous êtes échauffé, notez 5 mots que vous avez découverts dans les Puzzles n° 9, n° 17, n° 25 et essayez de trouver 2 antonymes pour chaque mot. Combien pouvez-vous en trouver en 20 minutes ?

Notez 5 Mots du ***Puzzle 9***

Mots	Antonyme 1	Antonyme 2

Notez 5 Mots du ***Puzzle 17***

Mots	Antonyme 1	Antonyme 2

Notez 5 Mots du ***Puzzle 25***

Mots	Antonyme 1	Antonyme 2

Défi n°3

Formidable ! Ce défi final  n'est rien pour vous.

Prêt pour le dernier défi ? Choisissez 10 mots que vous avez découverts parmi les différents puzzles et notez-les ci-dessous.

1.	6.
2.	7.
3.	8.
4.	9.
5.	10.

Maintenant, composez un texte en pensant à une personne, un animal ou un lieu que vous aimez !

Astuce: Vous pouvez utiliser la dernière page de ce livre comme brouillon !

Votre Composition :

CARNET DE NOTES :

À TRÈS BIENTÔT !

Toute l'équipe

www.ingramcontent.com/pod-product-compliance
Lightning Source LLC
Chambersburg PA
CBHW082205120626
46553CB00010B/3012